# A. LUGAN


# Le Catholicisme aux États=Unis

## SON PASSÉ — SON PRÉSENT
## SON AVENIR

PARIS

LIBRAIRIE LETOUZEY ET ANÉ

87, BOULEVARD RASPAIL, 87

1930

# Le Catholicisme aux États=Unis

## SON PASSÉ - SON PRÉSENT

### SON AVENIR

# OUVRAGES DE M. A. LUGAN

## Librairie Bloud et Gay.

CATHOLICISME D'ACTION : *Sermons et Conférences pour l'année liturgique.*
LA PENSÉE ET L'ŒUVRE D'UN GRAND SEIGNEUR RUSSE.
L'ACTION FRANÇAISE ET L'IDÉE CHRÉTIENNE (1908) (épuisé).

## Éditions Spes.

L'ENSEIGNEMENT SOCIAL DE JÉSUS :
Tome     I. — *Les grandes directives sociales de l'Évangile.*
—     II. — *Les grandes directives sociales.*
—    III. — *La grande loi sociale et l'amour des hommes.*
—    IV. — *La grande loi sociale de la justice : justice envers Dieu ; justice envers les égaux.*
—    V. — *La grande loi sociale de la justice : justice envers César ; la Tolérance; la Paix des Peuples.*
—    VI. — *La Loi sociale du travail.*
—   VII. — *L'Évangile et les biens de ce monde.*

L'ÉGOÏSME HUMAIN. 3ᵉ édition (couronné par l'Académie des Sciences morales et politiques).
BALMÈS, sociologue.
HIER ET DEMAIN : *Anticléricalisme et Tolérance* (polémique avec la « Dépêche de Toulouse »).
UN PRÉCURSEUR DU BOLCHÉVISME : *Francisco Ferrer.*
UNE ŒUVRE BELGE : *Histoire et organisation du Boerenbond.*

## Librairie Valois.

LA FIN D'UNE MYSTIFICATION. L'Action française, son histoire, sa doctrine, sa politique.

## Librairie Mac-Millan, New-York.

THE SOCIAL PRINCIPLES OF THE GOSPEL, *translated from the french by Lawrasson Riggs.*

## Librairie Bossard.

LES PROBLÈMES INTERNATIONAUX ET LE CONGRÈS DE LA PAIX

## Le Monde Nouveau.

HORIZONS D'AMES : *Francis Jammes. — Les Guérin. — Charles Maurras. — Marc Sangnier. — Luis Coloma. — Balmès et Ozanam. — Parodi. — Mgr Mignot. — Cardinal Gibbons. — Cardinal Amette. — Mgr Laguarda. — Cardinal Mercier. — Le P. Vicente.*

## Éditions des meilleurs Livres.

L'OPINION PUBLIQUE AUX ÉTATS-UNIS APRÈS LA GUERRE

## Librairie Téqui.

LA VIE DU CARDINAL GIBBONS, par Allen Sinclair Will, adaptée de l'anglais.
UN GRAND ÉVÊQUE FRANÇAIS RÉALISATEUR : *Mgr Gibier.*
JÉSUS ET LE PEUPLE.

## Instituto de Las Españas, New-York.

EL GRAN POETA DEL SIGLO DE ORO ESPANOL : LUIS DE LÉON

## Le Mouvement, 68, rue de Vaugirard, Paris.

LA JUSTICE PARMI LES NATIONS. Réponse au Dʳ Ryan, de Washington.
L'ÉMINENTE DIGNITÉ DE LA LANGUE FRANÇAISE comparée à l'anglais, à l'allemand, à l'italien, à l'espagnol.

## Éditions des Belles-Lettres, Paris.

LE GRAND POÈTE DU SIÈCLE D'OR ESPAGNOL : LUIS DE LÉON (édition française).

A. LUGAN

# Le Catholicisme aux États=Unis

## SON PASSÉ - SON PRÉSENT
## SON AVENIR

PARIS
LIBRAIRIE LETOUZEY ET ANÉ
87, Boulevard Raspail, 87.

1930

# PRÉFACE

Je n'ai pas la prétention de faire l'histoire du catholicisme-américain. Il faudrait un plus long travail que celui que j'offre au public. Aussi bien les éléments nécessaires ne se trouvent pas encore à la disposition des vulgarisateurs. Peu à peu, ils sortent des archives. Des travaux comme ceux du Rév. Guilday, de l'université de Washington, seront des mines précieuses pour les historiens futurs.

Plus modeste est mon ambition : je voudrais surtout exposer l'état de l'Église catholique américaine aujourd'hui.

Je suis profondément convaincu qu'elle doit sa présente prospérité aux grands prélats rangés autour de Gibbons. Elle développe les virtualités de succès que leur sagesse, leur vision nette des réalités, lui ont acquises. Je ne pouvais taire ce fait essentiel. Trouvera-t-elle les hommes, les moyens adéquats pour mettre en complète valeur le trésor amassé, pour obtenir le prestige intellectuel et l'influence morale, sans inspirer haine ou jalousie aux cent millions d'Américains agnostiques ou protestants? L'avenir le dira. J'ai posé la question, mais n'ai pu lui donner qu'une réponse vague et incertaine.

En attendant, elle s'organise, elle construit, elle vit une vie paroissiale intense, elle se prépare à résister aux assauts que le Ku-Klux-Klan et d'autres ennemis, moins tapageurs mais plus dangereux, préparent contre elle. Elle montre dans le congrès de Chicago ce qu'elle est capable de réaliser à la face du monde, pour affirmer sa foi au Christ vivant de ses tabernacles.

Faits intéressants à plus d'un titre! On les trouvera exposés dans ce volume par quelqu'un qui aime profondément les États-Unis qu'il a visités quatre fois et de longs mois. Pour que son témoignage soit plus sûr, il le met le plus souvent sous la garantie des Américains eux-mêmes.

# Le Catholicisme aux États=Unis

## CHAPITRE PREMIER

**Depuis l'arrivée des catholiques aux États-Unis en 1684 à la mort du cardinal Gibbons en 1921.**

Sommaire : *Incessante augmentation des catholiques. — Y a-t-il eu déchet? — Gibbons et les prélats formés à son école acquièrent droit de cité au catholicisme.*

C'est en 1684 que les deux petits navires l'*Ark* et la *Dove* amenaient aux rives atlantiques du Nouveau Monde, les premiers émigrants catholiques. Ils étaient seulement vingt-cinq des trois cents passagers qui débarquèrent sur les terres qui devinrent le Maryland. A leur tête, se trouvaient les frères Calvert. L'un d'eux, Lord Baltimore, donnera son nom à la capitale de l'État et établira avant tous autres, comme gouverneur, le principe de la tolérance religieuse, dont ne voulaient pas les protestants dans les colonies qu'ils fondaient.

Les catholiques prirent part à la guerre de l'Indépendance à côté de Washington qui, en une circonstance, les défendit ouvertement contre les sectaires, rendant justice aux éminents services qu'il en avait reçus. Leur nombre total en 1776 ne dépassait pas 25.000, un sur 120 habitants.

Leur premier évêque, Carroll, d'une illustre famille anglo-saxonne du Maryland, dans un rapport envoyé à Rome en 1785, compte, dans les colonies existant déjà, 30.000 catholiques dont 16.000 dans le Maryland, 7.000 en Pennsylvanie, les autres dispersés un peu partout. Pour leur service, ils n'avaient sur cet immense territoire que 25 prêtres. Les États-Unis comptaient alors 3 millions d'habitants.

En 1834, année de la naissance de Gibbons à Baltimore, il y avait dans l'État de Maryland, le plus peuplé de tous avec 500.000 habitants, 75.000 catholiques.

En 1861, quand Gibbons reçoit la consécration sacerdotale, les États-Unis ont 1.800.000 catholiques avec 48 archevêques et évêques, 2.046 prêtres, 1.042 églises.

En 1877, l'année où il est promu à l'archevêché de Baltimore, il y a en a 6 millions. En 1889, 9 millions, avec 13 archevêques, 71 évêques, 8.000 prêtres, 10.500 églises, 650 collèges, 3.100 écoles, 520 hôpitaux.

Quand Gibbons meurt, en 1921, les États-Unis comptent 17.885.000 catholiques avec 3 cardinaux, 16 archevêques, 93 évêques, 16.580 églises, 21.543 prêtres, 6.048 écoles, 113 séminaires, 8.281 séminaristes. Dans ces chiffres n'est pas compris l'apport des colonies conquises en 1898 sur l'Espagne : Cuba et les Philippines.

Du *Catholic Directory* de 1927, il ressort que sur

120.000.000 d'habitants, il y avait alors aux États-Unis 19.689.049 catholiques avec 4 cardinaux 17 archevêques, 104 évêques, 18.283 églises, 25.683 prêtres, 141 séminaires, 14.432 séminaristes, 7.061 écoles avec 2.201.837 élèves.

Parmi ces 19.689.049 catholiques, quelle part représentent les convertis ? Pour 1927, il y en avait 33.991. Mais je donne ici la parole à M. Marnix qui a traité ce sujet dans *The ecclesiatical review* d'août 1921.

En 1893, on comptait, sur une période de quatre-vingts ans, dans la population américaine, 700.000 convertis ou descendants de convertis. Depuis lors, la moyenne annuelle a sans cesse augmenté. Avant le premier Congrès missionnaire à Chicago, en 1909, on annonçait que plus de 25.056 convertis avaient été reçus dans l'Église en 1906. D'après les rapports de 81 diocèses sur les convertis de 1917, 40.000 avaient fait, cette année-là, leur profession de foi catholique. Le *Catholic Directory* donne pour 73 diocèses un chiffre de 39.923 convertis en 1920. Il manquerait au compte 28 diocèses. Sur cette base, et laissant de côté les convertis de l'Anglicanisme, dans les hôpitaux et d'autres endroits dont mention n'est pas faite, l'année 1920 doit compter 55.000 au moins, et plus probablement, 60.000 nouveaux venus à la foi catholique en Amérique. D'après les rapports annuels pour plusieurs années les plus proches de nous et d'après les chiffres acceptables de moyennes annuelles antérieures, environ 80.000 convertis ont été reçus durant les vingt-sept dernières années. Au début de cette période de vingt-sept années, on comptait 700.000 convertis. En admettant l'augmentation moyenne de 25 p. 100 tous les dix ans, sur la base des calculs de l'évêque Canevin, et la même moyenne pour les enfants de convertis reçus depuis 1893, on est amené à conclure que le chiffre de 2.200.000 représenterait le nombre des convertis dans la population catholique des États-Unis à ce jour — chiffre d'ensemble suffisamment expressif, croyons-nous, du mouvement de conversion en Amérique [1].

Nous acceptons ces chiffres tels que M. Marnix nous les donne.

Au premier abord, ils paraissent, comme celui de de l'ensemble des catholiques, très élevés. Quand on y regarde de près, on voit vite qu'ils ne correspondent pas à ce qu'ils pourraient être. Dans un livre publié, en 1902, par M. Henry Bargy, sur *La Religion dans la Société aux États-Unis* [2], je lis : « D'après le nombre des immigrants, les catholiques aux États-Unis devraient être plus de 25 millions; ils sont dix millions. » Le premier de ces chiffres est trop élevé et le second trop bas.

De 1821 à 1919, les immigrants sont au nombre de 32.600.000. De ces 32 millions, il n'est pas exagéré de dire que 27 millions étaient des catholiques, venant surtout de l'Irlande, de l'Allemagne, de l'Autriche, de l'Italie, de l'Espagne et du Mexique.

Il y a donc eu un important déchet parmi eux. Beaucoup ont abandonné leur croyance pour devenir libres penseurs ou protestants. A quoi

---

1. *The ecclesiastical review*, août 1921, p. 158.

2. Armand Colin, Paris. — Je dois dire que ce point de vue des pertes catholiques au cours du xixe et du xxe siècle est né dans un ouvrage consacré à discuter cette question par le Père mariste, Gerald Shanghnessy, *Has the immigrant kept the Faith?* — New-York, Mc Millan, 1925.

attribuer ce déchet ? Négligence des autorités ecclésiastiques de leur pays d'origine ; dispersions sur un vaste territoire où les villes se bâtissaient plus vite que les églises. et où il était difficile aux prêtres de prendre soin d'eux ; ignorance de la langue anglaise ; manque de clergé spécialisé pour recevoir les groupes nationaux et les instruire, etc.

Le biographe du cardinal Gibbons nous raconte qu'en 1854 son héros, étant âgé de vingt ans et encore employé d'épicerie à la Nouvelle-Orléans, entendit une conférence d'Oreste D. Brownson qui, avec la mission des rédemptoristes Walworth et Hewit, contribua à lui faire embrasser la carrière ecclésiastique [1]. Brownson s'était converti au catholicisme en 1844. Il avait passé par quatre sectes différentes et abouti à l'unitarisme où il fut disciple de Channing et d'Emerson. « L'expérience politique le prépara à la discipline catholique. Du conservatisme en politique, dit-il, j'allais passer au conservatisme en religion. Ce ne fut pas le dogme qui le convertit, ce fut la portée civique du principe d'autorité. Il ne rabattait rien de ses espérances réformatrices. Il complétait l'axiome : « Pas de liberté sans ordre », par l'axiome : « Pas de progrès sans liberté. » L'Église semble n'avoir été d'abord pour lui que la condition du progrès [2]. »

1. *Life of cardinal Gibbons*, par Sinclair Will, t. I, p. 20 (New-York, 1922). — Une adaptation française de ce travail, utile pour connaître le catholicisme américain, a paru par mes soins chez l'éditeur Téqui, avec une *Introduction* de M. l'abbé Klein et une *Préface* de moi.

2. Henry Bargy, *La religion dans la Société aux États-Unis*, p. 165.

Le P. Hecker, disciple et ami de Brownson, lui dut sa conversion. Elle eut lieu quelques mois après celle du philosophe qui lui écrivait pour calmer ses doutes : « Il ne faut pas vivre de rêves. Votre dévouement doit être réglé et dirigé par la discipline de l'Église. Vous ne pouvez être anglican. Il faut donc être un catholique ou un mystique. Votre croix est de vaincre, en vous, la tendance au mysticisme [1]. »

Le P. Hecker, comme Brownson, se convertit surtout pour des raisons sociales. « S'il commençait à oublier le christianisme, écrit le biographe du premier, c'est parce que le protestantisme orthodoxe, seule forme de religion qu'il connût, n'offrait rien qui correspondît aux prétentions et aux besoins de la société telle qu'il la concevait. Le Christ du protestantisme n'apportait aucun élément de cohésion à l'humanité : une religion antisociale et dissolvante par l'action de ses fins contraires ne pouvait contribuer à résoudre les problèmes sociaux [2]. »

Le P. Hecker qui accompagnait ses confrères Walworth et Hewit à la Nouvelle-Orléans, où le jeune Gibbons suivit leur mission en 1854, fut arrêté en chemin par une pneumonie et ne les rejoignit qu'à la fin. Quatre ans après, ces trois rédemptoristes, avec deux autres compagnons, se séparaient de la Congrégation de Saint-Alphonse et fondaient, avec l'agrément de Rome, celle des

1. Cité par Henry Bargy, *loc. cit.*, p. 171.
2. *Ibid.*, p. 169-170.

Paulistes. La raison principale de la séparation semble avoir été le désir de réaliser un ordre mieux en harmonie. avec les aspirations et les besoins de l'âme américaine. Son objet principal sera la conversion des protestants.

Il ne paraît pas cependant qu'avant l'apparition de Gibbons dans la vie publique, comme archevêque de Baltimore, le catholicisme ait joui de plus de considération que n'importe quelle autre secte. On pouvait apprécier sa discipline et son organisation, mais on le trouvait plus étranger, sinon plus opposé, aux idées et aux mœurs républicaines des États-Unis que les autres confessions. Quelques évêques, England de Charleston en 1826, Hughes de New-York, pendant et après la guerre civile, avaient essayé de rompre le mur de glace, mais sans succés marqué. Ce fut Gibbons et les grands prélats formés à son école et soutenus de son exemple, Ireland de Saint-Paul, Spalding de Peoria, Williams de Boston, Ryan de Philadelphie, Keane de Dubuque, qui acquirent droit de cité complet au catholicisme dans la grande république, en combattant victorieusement les préjugés et en s'appliquant à l'adapter à l'âme américaine.

Un de leurs premiers soins fut d'uniformiser le gouvernement ecclésiastique dans leur pays. Il était encore sous la dépendance de la Propagande. Certaines régions de l'Ouest et de la Louisiane, récemment rattachées à la République, obéissaient à des coutumiers d'origine espagnole ou française; à l'Est, l'influence des traditions britanniques se faisait sentir dans les centres plus anciens. La suppression de ces singularités qui rendaient les contacts entre les divers États et diocèses trop difficiles, s'imposait. Cette unification était aisée, maintenant que les chemins de fer allaient dans tous les sens et d'un Océan à l'autre. Elle fut l'œuvre du troisième concile de Baltimore que Gibbons présida, comme Délégué apostolique. Sous son influence, l'Église catholique s'y posa en protectrice décidée des institutions politiques de l'Amérique. « Nous pensons, écrivaient les évêques dans leur lettre pastorale collective, que nous avons le droit de proclamer que nous connaissons les lois, les institutions et l'esprit de l'Église catholique, et les lois, les institutions et l'esprit de notre pays. Nous déclarons solennellement qu'il n'y a pas d'antagonisme entre eux. Un catholique se trouve chez lui aux États-Unis, car l'influence de l'Église s'est constamment exercée au profit des droits individuels et des libertés populaires. » Les séminaires devaient être dirigés par des Américains et les paroisses par des prêtres autant que possible indigènes. Le catéchisme et un livre de prières uniforme furent édités par le soin du Concile pour tous les États. Il organisa des écoles primaires et secondaires, rédigea un programme pour les grands séminaires et décida la fondation d'une université à Washington. Il refusa de condamner les écoles publiques, défendant même à quiconque, évêque ou prêtre, soit par acte, soit par menaces, d'exclure des sacrements comme indignes ceux qui décideraient d'envoyer leurs enfants à ces écoles, et les enfants eux-mêmes. Là où manquerait l'école catholique, là où celle qui existait n'était pas capable de donner aux enfants une éducation en rapport avec leur condition, le concile décréta que les Écoles publiques pourraient être suivies en toute sûreté de conscience. En ce cas, les prêtres des paroisses devaient prendre des mesures pour assurer l'instruction religieuse des enfants [1].

/L'effort des grands prélats de cette période fut de tirer le catholicisme de sa séquestration, et de le mêler à la vie de la Cité, sans l'imposer. Cet effort apparaît nettement dans la vie de Gibbons. Doué d'un tact génial, il obtint des résultats surprenants. Au lieu de rester confiné, comme ses prédécesseurs, à Baltimore, il entre en rapport avec les principaux hommes politiques, députés, sénateurs, secrétaires d'État, de Washington, ville qui est dans sa juridiction ecclésiastique. Il a les meilleures relations avec tous les présidents, et quelques-uns, comme Cleveland et Roosevelt, sont ses amis. Jamais, à moins de grave empêchement, il ne refuse de s'asseoir à leur table. Le premier des évêques catholiques, en 1881, il demande à ses prêtres de s'associer, eux et leurs fidèles, aux fêtes d'action de grâces ordonnées par les présidents de la République, le 24 novembre de chaque année, depuis Lincoln. Par son exemple, il contribue à faire passer dans les mœurs cette pratique qui répugnait même à beaucoup de protestants, en raison de son origine puritaine. Pas de réjouissance publique, à Baltimore, où on ne l'invite, pour qu'il la patronne de sa

---

1. *Vie du cardinal Gibbons*, par Sinclair Will.

présence. « Oubliant, dit son biographe, les distinctions de *credo* et de rang, dans le commun effort, il prenait d'ordinaire place sur la tribune avec des méthodistes, des juifs et des quakers. Nul ne parlait avec autant de patriotisme et dans un esprit plus progressiste. Gouverneurs et maires le regardaient comme un ami, le traitaient en ami et recherchaient ses conseils [1]. » Son élévation au Cardinalat fut saluée par la presse comme une preuve des idées tolérantes de l'Église romaine. et de la bonne harmonie entre le Catholicisme et la République. Dès lors, les grands journaux s'intéresseront aux fêtes, aux idées, aux diverses manifestations catholiques, jusque-là généralement négligées, sinon méprisées par eux.

Toutes les conquêtes, toutes les initiatives et améliorations démocratiques trouvent Gibbons au premier rang pour les promouvoir ou les défendre, sans peur comme sans excès. Il engage hardiment le catholicisme américain dans cette voie. Il combat toutes les intolérances et ne demande pour son Église que la liberté. Il pense que la protection de l'État devient trop souvent pour elle une chaîne. Sa sauvegarde la plus efficace est l'amour et le respect qu'elle éveille dans les consciences. Il prend donc la défense des Chevaliers du Travail et même d'Henry Georges devant le Saint-Siège. Ses actes et ses enseignements devancent et préparent l'Encyclique *Rerum novarum.*

Démocrate, au sens large de ce mot, il l'est de

1. *Vie du cardinal Gibbons*, t. ɪ, p. 221.

toute son âme parce qu'américain. Né aux États-Unis de parents irlandais, il garde un souvenir fidèle à la terre de ces ancêtres, mais il ne connaît et n'aime qu'une patrie, l'Amérique. Quand Cahensly, un député allemand, alléguant que la raison du déchet des émigrants catholiques est le manque de prêtres et d'évêques de leur nationalité et parlant leur langue, en demande pour eux, il n'hésite pas à le combattre et il obtient que Rome le désapprouve. Dans la controverse sur l'Américanisme et le P. Hecker, il regrette avec Ireland que de malavisés polémistes européens aient faussé les idées sur l'un et l'autre sujet. Quand les États-Unis, par la voix de leur président décident, en 1917, d'entrer dans la Grande Guerre à côté des alliés, le cardinal Gibbons s'empresse d'assurer les autorités que les catholiques seront à l'avant-garde dans cette entreprise nationale.

Cette ardeur d'adaptation de Gibbons à la démocratie et à la Cité américaines, secondées par d'autres grands prélats désignés par lui-même, pour la plupart, au Saint-Siège, conquit à sa personne et au catholicisme qu'elle symbolisait, une estime et une popularité inconnues avant.

Une année après son élévation au siège primatial de Baltimore, il faisait dans son journal cette observation (6 juillet 1877) :

J'ai écrit au cardinal Simeone pour lui dire la cordialité des relations existant maintenant entre les autorités civiles et l'Église. Elle s'est manifestée par la présence du Président et de son cabinet à l'ouverture de notre

College à Georgetown, par celle du gouverneur à la même solennité et par la loi récemment votée qui exempte la propriété d'Église d'un gros chiffre de taxe.

Quand le cardinal retourna de Rome à Baltimore, après sa victoire dans la cause des Chevaliers du Travail et après son fameux discours sur les relations de l'Église et de l'État, le maire de cette ville le salua, à la gare, en ces termes :

« Vous avez exposé aux peuples européens les bienfaits dont la liberté civile et religieuse comble les citoyens de l'Amérique. Ici les honneurs politiques et sociaux sont ouverts à tous; la liberté règne pour tous, sans licence, et l'autorité est reconnue et maintenue, sans despotisme. Votre patriotique attachement à votre terre natale vous vaut d'être un symbole national. Votre souvenir, comme celui de Carroll, le premier archevêque de Baltimore, sera gardé, précieux trésor, comme en un reliquaire dans le cœur de votre peuple. »

Lors de son passage à Saint-Paul (Minnesota), dans une tournée d'inspection et de visite à travers les États de l'Ouest, le juge William L. Kelly, faisant allusion à la part que Gibbons avait prise, à côté des personnages officiels, au centenaire de la Constitution, et associant son nom à celui de John Ireland, archevêque de cette ville, lui disait :

« Hier, à l'invitation de vos concitoyens, sans distinction de foi religieuse ou de parti politique, vous, prêtre, archevêque, cardinal, vous éleviez vos mains au-dessus des foules assemblées et, en vertu de votre ministère sacré, vous invoquiez la bénédiction de Dieu Tout-Puissant sur la Constitution de ces États-Unis. En cette occasion, illustre Monsieur, votre voix était celle d'un prêtre; elle était davantage celle d'un prophète... Les vieilles barrières qui nous ont longtemps séparés de nos frères, dans le même bercail, sont, grâce à Dieu, à peu près par terre. Dans toutes les grandes questions sociales et politiques, nous marchons, à Saint-Paul, la main dans la main. Nous sommes inébranlables dans nos convictions religieuses et ils sont inébranlables dans les leurs. L'honnêteté de personne n'est mise en doute. Nul n'a autant travaillé à réaliser ce cordial et catholique état de choses, que l'homme assis à vos côtés. Le nommer, c'est l'honorer : John Ireland. »

Gibbons ne se lassait pas, dans ses discours ou écrits publics, d'insister sur la stabilité des institutions politiques américaines et sur la possibilité pour l'Église de s'adapter à elles. Les hommes politiques qui connaissaient son admirable équilibre et son identification à l'esprit et aux intérêts de la République, le consultaient sur les plus graves affaires de l'État. Le président Cleveland lui demandait son avis sur une question de tarif, et Mc Kinley voulait savoir de lui si les États-Unis devaient garder les Philippines. Les hommes religieux des *credo* les plus divers. le virent prendre part au Parlement des religions en 1892, alors que l'archevêque anglican Benson refusait l'invitation. Il profita de l'occasion pour exposer devant eux les bienfaits que le catholicisme avait apportés à l'humanité.

Ses noces d'argent comme cardinal et ses noces

d'or comme archevêque coïncidant, en juin 1911, furent l'apothéose du grand prélat où rivalisèrent les autorités civiles et religieuses des États-Unis. 20.000 personnes l'acclamèrent dans la plus vaste salle de Baltimore. A leur tête se trouvaient le Président Taft, le vice-président Sherman, l'ex-président Roosevelt, les présidents des Chambres, les ambassadeurs, le gouverneur du Maryland, le maire de Baltimore. Les discours que lui adressèrent alors les Présidents Taft et Roosevelt seraient à citer ici; je me contente du dernier paragraphe de celui de Roosevelt.

« Le héros de notre fête, disait-il, a été un exemple pour nous tous dans notre vie publique et privée, et par le but qu'il a donné à son effort, et par la manière dont il s'est appliqué à le réaliser. Il a travaillé pour la justice, il a travaillé pour l'honnêteté dans les procédés et il l'a fait dans l'esprit de vérité, dans cet esprit qui n'a rien à voir avec l'ambition ou le désordre, reconnaissant en même temps et sans arrière-pensée que la loi et l'ordre, s'ils sont essentiels, le sont d'abord parce que sur eux comme sur une assise et seulement sur cette assise, il est possible d'élever le temple majestueux de la Justice et de la Rectitude dans les relations d'homme à homme. Je suis honoré, nous sommes tous honorés, cardinal Gibbons, que les circonstances nous permettent aujourd'hui de payer un tribut à ce qu'il y a de plus haut et de meilleur dans un citoyen américain, en nous rencontrant ici pour vous fêter. »

Les démocrates et les républicains se disputaient

son prestige. Jamais il ne se prononça en public pour l'un ou pour l'autre parti. « Personne ne sait mes opinions politiques, disait-il un jour à un reporter du *World* ( 6 août 1912). Je fais plus de cas des principes que des hommes. Naturellement, quand je vote, je dois voter pour quelqu'un. Je n'ai jamais dit à personne pour qui je voterais, en n'importe quelle élection. Je garde mon indépendance et ma liberté de voter chaque fois, comme je crois le meilleur, d'accord avec mes connaissances et ma conscience. » Démocrates et républicains l'invitaient à ouvrir leur convention par la prière. Des uns et des autres il resta l'ami. Chez tous il suscita même estime et même admiration.

La guerre déclarée, il rassembla tous les catholiques autour du président et du Gouvernement. Ses précédentes campagnes d'américanisation facilitèrent sa tâche. Son action d'alors fut un signalé bienfait pour son Église que l'on n'a jamais pu accuser de s'être tenue à l'écart ou d'avoir boudé, quand la Patrie était en cause.

La popularité et le prestige de bon aloi dont lui et les grands évêques qui suivaient ses exemples et ses inspirations, comme Ireland, Spalding, Keane, jouissaient dans toute la République, rejaillit sur le catholicisme, non seulement des États-Unis, mais de l'univers. Ils resteront une apologie en acte de cette religion, aux yeux de tout esprit sans préjugé, plus efficace que des arguments abstraits.

Il y a à peine quelques années, disait un avocat distingué de Baltimore en recevant le cardinal Gibbons, en 1894, à son retour d'un voyage à Rome, l'idée prévalait ici que l'Église serait une excroissance étrangère, inadaptée à la vie moderne américaine, et même que ses enseignements étaient hostiles à nos libres institutions. Ce préjugé se fortifiait et se répandait. Il n'eût pas cédé devant les armes ordinaires de la logique et de la raison. Il fallait une illustration vivante de son absurdité. Cette illustration, Votre Éminence l'a fournie. En vous, le peuple américain voit la plus haute autorité spirituelle parfaitement à l'aise avec les exigences du devoir civil et patriotique [1].

Il offrit au monde un type nouveau d'homme d'Église. Il montra ce qu'un prêtre comprenant son temps, aimant son pays, ayant le sens de la tolérance et des exigences nouvelles de nos démocraties, restant cependant fermement attaché aux exigences de sa foi, peut réaliser pour le bien de la cité temporelle, dans des sociétés plus que jamais divisées religieusement et politiquement, où le pouvoir spirituel est de plus en plus confiné dans une action morale.

Son historien le dit avec raison :

Il a créé ce type nouveau d'homme d'Église en Amérique, non seulement pour son Église, mais pour toutes les formes de croyance. Il s'était fait pour lui-même une place que nul autre n'a prise ni n'a essayé de prendre, car elle n'était à la portée de personne.

A nul prêtre catholique n'avait pu venir l'idée, avant Gibbons, qu'il pourrait être un chef dans la vie publique de sa nation sans s'exposer à une violente

1. *Vie du cardinal Gibbons.*

hostilité. Les vues exactes sur la manière de sauvegarder, sans rien abandonner, l'équilibre des deux éléments ne sont le privilège que d'un petit nombre. Courir le risque de laisser soupçonner une mainmise de l'Église sur l'État, aurait amené d'incalculables dangers. C'eût été encore plus vrai, s'il se fût agi d'un cardinal, personnalité en évidence [1].

Dire cependant que Gibbons a surmonté toutes les difficultés serait inexact. Force morale et hiérarchisée de premier ordre, s'adaptant sans peine à toutes les exigences d'une grande démocratie dont la Constitution proclame la séparation du temporel et du spirituel, s'inclinant de préférence vers les faibles, les souffrants, les travailleurs pour les fortifier, les soulager et améliorer leur condition, s'il séduisait les hommes d'action, le catholicisme avait moins de prestige aux yeux des intellectuels. Il ne pouvait montrer ni un Balmès, ni un Ozanam, ni un Lacordaire, ni un Newman. Ce sont là fruits de choix de l'âge mûr. Le catholicisme américain, admirablement planté en terre neuve, par Gibbons et ses amis, déployait à peine ses premiers rameaux. Les fruits de choix paraîtront plus tard sur l'arbre, si les jardiniers poursuivent l'œuvre de culture si bien commencée. Il ne manque pas de plants au verger et le sol est fertile.

Il est aussi très varié et très étendu. D'un côté, il touche l'Océan; de l'autre, le Pacifique; au Sud, il ressent les chaleurs tropicales; au Nord, les froids du pôle. On pouvait craindre que l'effort de culture

---

1. *Vie du cardinal Gibbons.*

catholique, en se dispersant, s'affaiblît. La guerre fut l'occasion providentielle qui permit de le centraliser et de l'organiser. Guidé par un ouvrier de cette intéressante mise en œuvre du vaste champ, nous allons exposer brièvement l'origine et la distribution du labeur.

# CHAPITRE II

**Le centre des œuvres catholiques aux États-Unis.**



« Quand l'Amérique mobilisa, la nécessité de combiner les diverses organisations du pays apparut aussitôt. Deux jours après la déclaration des hostilités, les archevêques des États-Unis, en leur rencontre annuelle à Washington, avaient adopté les décisions fermes transmises au Président Wilson, engageant leurs subordonnés au service de la Nation « comme un seul homme ».

« Cette promesse fut tenue à la lettre. Que l'ensemble des catholiques fût préparé à la tenir, cela n'était pas en question. Néanmoins, le problème consistant à réunir les œuvres diverses, pour coordonner les forces permettant la coopération avec le gouvernement, demandait une solution. Certaines organisations très développées, comme les Chevaliers de Colomb et l'Union des jeunes gens, firent immédiatement des plans pour le travail à entreprendre d'un point de vue national, parmi les soldats et les marins catholiques. Leur exemple inspira d'autres œuvres. Mais les réunir toutes restait la question difficile. Elle devint d'autant plus complexe que le désir qu'avaient les sociétés particulières de rendre service, était plus vif. Ces efforts bien intentionnés embarrassaient souvent, au point d'entraver l'œuvre même des Chevaliers de Colomb, tout de suite reconnue par le gouvernement, comme l'organisation officielle des intérêts des catholiques d'Amérique.

« Au Père John J. Burke, de la congrégation de Saint-Paul apôtre, revient l'honneur d'avoir résolu le problème. Fondateur de l'Association des Aides-Aumôniers, il avait vite appris à estimer la valeur de l'organisation, en s'occupant de fournir les aumôniers capables, en nombre suffisant pour les besoins spirituels des soldats et marins catholiques. Il s'adressa donc aux cardinaux Gibbons, O'Connell et Farley. Il leur proposa une réunion générale des Associations et Œuvres catholiques, en vue d'unifier et de rendre plus efficace la contribution des catholiques aux besoins du pays.

« La proposition fut approuvée. Chaque évêque fut invité à envoyer un délégué ecclésiastique et un délégué laïque au « meeting », et chaque société reconnue dans l'Église fut priée de choisir deux représentants à ce Congrès, tenu à l'université catholique de Washington, les 11 et 12 août 1917. La situation y fut complètement exposée et les ambitions individuelles subordonnées au but commun. A la fin d'un discours sensationnel du Père Burke, le Comité de Guerre, national et catholique, était créé.

« Six mois après, à la suggestion du cardinal Gibbons, une réorganisation du Conseil fut effectuée. Les quatorze archevêques d'Amérique prenaient la direction de l'œuvre par l'intermédiaire d'un Comité administratif de quatre évêques, travaillant en collaboration avec six membres des Comités des Chevaliers de Colomb aux œuvres de guerre, et six membres du Comité de guerre, comme exécutifs.

« Ainsi tous les problèmes étaient résolus. L'œuvre avançait, avec tant de facilité et d'efficacité qu'elle reçut l'encouragement du Président, les témoignages d'admiration des œuvres non catholiques, et l'approbation cordiale de la presse laïque.

« Si grands furent les avantages qu'en retira le pays en général et les catholiques en particulier, que la pensée de briser cette union de forces, après la Guerre, ne vint à personne. [1] »

Le Comité de guerre national catholique était né de problèmes de la guerre; de sproblèmes également pressants de la Paix et de la réadaptation, naquit l'œuvre remarquable centralisant et organisant toutes les œuvres catholiques des États-Unis, sous le nom de *Conseil du bien-être national catholique* [2]. Elle était expliquée par l'épiscopat dans une lettre collective, en septembre 1919. Il y déclarait avoir répondu ainsi au désir de Benoît XV, exprimé dans sa lettre du 19 avril 1919

(1) D'un *Mémoire* publié en 1921 par le N. C. W. C.
(2) *National Catholic Welfare Council.* En abréviation : N. C. W. C.

aux évêques réunis à Washington, pour le Jubilé du cardinal Gibbons.

Le Conseil est un organisme administré par un comité d'évêques que délèguent leurs collègues. Ceux-ci à leur tour choisissent l'évêque président de chaque département.

Il y en a cinq qui forment autant de ministères avec leur secrétaire : l'Éducation, la Presse, la Législation, l'Action Sociale, les Organisations laïques, et les Bureaux de l'Émigration, de « Évidence », et, au-dessus d'eux, l'Exécutif. Le secrétaire général, désigné par le Comité épiscopal et sous sa dépendance, en relations avec tous les départements, est aujourd'hui, un pauliste. Deux importants édifices en briques rouges, leur ont été assignés à Washington au n° 1312 de la belle avenue des Massachussets. Là travaille un état-major de techniciens laïques et ecclésiastiques. Je les ai visités à quatre reprises. Il a fallu un effort immense pour trouver un personnel qualifié, coordonner les forces éparses en 104 diocèses, et venir à bout des résistances de la routine ou des particularismes. L'argent pour soutenir l'institution est fourni par les diocèses dont la quote-part est fixée par le comité épiscopal. Celui-ci par son président expose aux évêques, un mois avant leur réunion annuelle à Washington, le programme des questions à discuter. Les rapports sur la réunion, sont envoyés à la Congrégation consistoriale.

1° *Le Département de l'Éducation.* — Organisé en février 1920, il s'occupe de tout ce qui concerne l'Éducation catholique : écoles, élèves, maîtres, rapports avec les institutions non catholiques et avec le gouvernement qui le consulte parfois, comme il le fit pour le choix des professeurs dans les écoles des Philippines. Il a établi une documentation complète sur la législation fédérale, et celle des différents États en matière d'éducation. Elle est à la disposition des évêques et des directeurs d'œuvres scolaires. Il a réuni pour les interessés, les renseignements nécessaires sur les titres des professeurs et instituteurs, dans chaque État. Il a fait des campagnes pour éclairer le public, catholique ou non, sur le but et la nature de l'éducation catholique. Il a créé partout des associations chargées des questions scolaires. Elles sont en contact avec l'organisation centrale de Washington. En 1912, son secrétaire, le Rév. James Ryan, aujourd'hui Recteur de l'université, publiait *Le Directoire des collèges et écoles catholiques* en un volume de 1030 pages, et un étranger au N. C. W. C. le Rév. O'Brien, un travail sur les *Étudiants catholiques dans les institutions non catholiques* et un autre sur les professeurs catholiques dans les mêmes institutions. L'examen des différents systèmes d'éducation commença par la Hollande et l'Angleterre. Il fut continué au fur et à mesure pour les autres pays. Une bibliographie des ouvrages sur l'éducation fut entreprise et une bibliothèque de ces ouvrages fondée. Le même département a commencé l'échange d'étudiants avec les universités étrangères; il a placé des étudiants des Philippines dans les écoles et collèges américains, et envoyé des renseignements sur les institutions catholiques des

États-Unis aux Philippines, à Cuba et dans l'Amérique du Centre et du Sud. Il a fait visiter les organisations et écoles d'été et recueilli sur elles une documentation indispensable. Ce département aida le comité épiscopal du N. C. W. C. à faire repousser la législation de l'État d'Orégon contre les écoles paroissiales, rejetée en 1925 par la Cour Suprême des États-Unis comme contraire à la Constitution.

2º *Le Département juridique.* — Il centralise tous les renseignements utiles concernant les lois de l'État Fédéral et des divers États, et les passe à ceux qui en ont besoin. Il suit les débats législatifs et se renseigne auprès de l'administration centrale. Il n'a pas comme les autres groupes religieux ce qu'on appelle à Washington les *lobbies* (vestibules), agences de zélateurs qui continuellement harcèlent de cajoleries ou de menaces, les députés, les sénateurs et les autorités, pour les suggestionner et les amener à ses fins. Il se contente de leur envoyer les instructions officielles des autorités ecclésiastiques ou des brochures qui leur permettent de connaître le point de vue catholique, sur les lois et questions pendantes. Cette méthode discrète et sans tapage a valu à l'organisation catholique, l'estime et la considération de l'exécutif et du législatif, et une influence certaine. Le département juridique a obtenu que l'approvisionnement en vin de messe ne fût pas rendu trop difficile par certaines mesures, visant le renforcement de la loi de prohibition. Il aida le bureau des « Souvenirs historiques » pour que les tombes des soldats catholiques morts sur le champ de bataille en France soient marquées d'un signe spécial. A la suite de ses représentations, le secrétaire du Trésor a fait distribuer des allocations pour subsistance, logement, blanchissage aux aumôniers des hopitaux publics isolés.

Il poussa le bureau historique à poser ce que les catholiques ont réalisé dans les services de guerre, soit aux États-Unis, soit en Europe. On dressa une liste complète de plus de vingt mille noms catholiques victimes de la guerre. Par son intervention directe, il a obtenu une diminution des frais de douanes sur l'importation du mobilier d'Église, de sculptures, etc., et la protection des missionnaires catholiques américains à l'étranger.

3º *Le Département d'action sociale.* — Il a attiré l'attention du public sur les efforts réalisés par la N. C. W. C. pour répandre l'enseignement social de l'Évangile et des papes. Il a cinq champs d'action bien limités : les rapports industriels, les problèmes ruraux, la formation civique, la question de la paix internationale et les œuvres de bienfaisance. A sa tête, se trouve le Dr. Ryan, un sociologue éminent dont l'autorité s'impose aux États-Unis dans tous les milieux. Il est assisté par le Rév. Mc Gowan, esprit ouvert, pratique et entreprenant. Ils ont publié ensemble un catéchisme sur la question sociale qui a été répandu à des milliers d'exemplaires. Ils suivent les congrès nationaux où l'on étudie la vie sociale, urbaine et rurale. Devant des auditoires catholiques ou non, ils multiplient les conférences. Ils ont fait des enquêtes dans plusieurs États sur les conditions locales, sur la situation des immigrés, surtout des immigrés mexicains à qui on a essayé de procurer du travail à domicile. A la tête des œuvres rurales se trouve le Rév. O'Hara, dont l'âme ardente éclairée et généreuse, cherche les moyens de grouper les paysans catholiques abandonnés jusqu'ici et perdus parmi les protestants. Aux États-Unis, les catholiques se sont surtout groupés dans les grands centres. Il est urgent de s'occuper des campagnes, si l'on veut conserver ceux qui y sont dispersés. Là surtout, le déchet semble avoir été impressionnant. On travaille donc à y rendre le foyer domestique plus attrayant pour les fermiers; on y fonde des hôpitaux, des centres de culture appropriés aux paysans, des œuvres sociales rurales et récréatives.

D'abord établi à Eugene (Orégon), en 1921, par le Rév. O'Hara, le *Bureau de la vie rurale* est depuis 1929, au N. C. W. C., annexé à la section sociale. Un Comité de 10 directeurs, répandus dans différents États, l'administre. Ils se réunissent tous les ans pour coordonner leur action. En octobre 1929, un grand Congrès rural s'est tenu à Des Moines, sous les auspices du Bureau de Washington. *The catholic rural life* est son organe depuis 1924. Le Rév. O'Hara le dirige. Celui-ci a été l'initiateur en 1929, dans plus de 70 diocèses du Sud et du Sud-Ouest, des écoles religieuses de vacances. Quatre-vingt-cinq de ces écoles avec 5.600 enfants, ont fonctionné sous la surveillance des séminaristes en vacances qui se chargeaient de leur instruction religieuse. Cette initiative eut le plus grand succès, et reçut de grands éloges des évêques des diocèses où elle fut établie. Cette même année 1929, le Bureau rural fonda un Comité du Crédit paroissial pour pousser à la formation de Coopératives et de Sociétés de Prêts à travers le pays.

L'occasion se présentant, je vais dire un mot de l'activité proprement sociale et pacifiste des catholiques à l'intérieur ou hors du N. C. W. C.

*\
* *

L'activité sociale des catholiques aux États-Unis est dirigée par l'Encyclique de Léon XIII, *Rerum Novarum*, expliquée et commentée par deux documents importants : le *Programme de reconstruction sociale* rédigé peu après l'armistice par les quatre évêques du Comité administratif du N. C. W. C. et la *Lettre pastorale de la hiérarchie américaine* sur les questions sociales publiée en 1919. Ces deux documents sont en tout conformes aux principes de l'école des catholiques sociaux, adaptés aux contingences américaines. On a aussi traduit et adopté le *Code social* de Malines, édité par l'organisation internationale des chefs du mouvement catholique social, en Europe sous l'inspiration du cardinal Mercier.

Le caractère distinctif de l'activité du catholicisme social américain, est d'être à peu près complètement théorique et éducateur. Il n'a pas, comme en Europe, d'organisations à part, syndicats, coopératives, boerenbonds, où il puisse expliquer ses idées en toute indépendance. Cela tient, d'une part aux divisions raciales entre catholiques qui empêchent leur fusion dans des organisations homogènes, et, d'autre part, à la prospérité relative du pays qui émousse le désir de s'unir pour réaliser plus de mieux-être. Les tentatives de syndicalisme d'ailleurs sont combattues de plusieurs manières par les capitalistes, qui s'arrangent pour chloroformer ou effrayer leurs ouvriers. Le législateur est aussi très opposé au principe d'obligation en matière sociale cher aux catholiques sociaux.

Je crois cependant que, dans un avenir qui n'est pas éloigné, les mêmes problèmes se poseront aux États-Unis qu'en Europe. Des plaintes s'élèvent de plusieurs côtés contre les trusts financiers. Les travailleurs demandent des salaires mieux équilibrés, leur part de bénéfices dans les entreprises, une protection plus efficace contre les accidents du travail, les aléas de la vieillesse et du chômage. En temps ordinaire, il y a trois millions de chômeurs aux États-Unis.

Les catholiques se préparent à affronter ces difficultés à la lumière de leur doctrine sociale. Diverses organisations sont plus spécialement dévouées à ce travail. *La Conférence catholique sur les problèmes sociaux* est une annexe du bureau social du N. C. W. C. Elle a pour objet des congrès nationaux, régionaux ou locaux, pour discuter sans plus ces problèmes. Les femmes catholiques ont une organisation de ce genre pour l'étude des questions qui les intéressent directement.

*The central Verein* est l'organisation sociale des catholiques allemands des États-Unis. Il publie un organe : la *Justice sociale*. Les autres organes, s'occupant spécialement des questions sociales, sont : *The Catholic Charites* à Washington, *The Buffalo Echo.*

Dans plusieurs collèges et universités existent des cours pour la formation sociale des jeunes gens et des jeunes filles. Citons : *Loyola University* de Chicago, *Fordham University* de New-York, l'une et l'autre dirigées par les jésuites.

Parmi les personnalités catholiques américaines qui s'intéressent le plus aux problèmes sociaux, il faut citer les D<sup>rs</sup> Ryan et Mc Gowan du N. C. W. C. déjà nommés. Le D<sup>r</sup> Ryan est le maître et le chef des catholiques sociaux américains. Il a un prestige national et est écouté dans tous les milieux. Son assistant le D<sup>r</sup> Mc Gowan est son digne émule. Le P. Husselein, S. J., hier rédacteur d'*America* et aujourd'hui professeur à Chicago, s'est spécialisé dans la question des *Guilds;* le Rév. Maguire et Haas se sont intéressés aux démêlés des ouvriers avec les Cours de Justice; le D<sup>r</sup> Lapp étudie la législation sociale; le P. Reiner, S. J., le mouvement coopératif; M. Mc Cabe, professeur à l'université de Princeton, l'organisation et la législation du travail; Mlle Bresette est l'organisatrice des conférences sur les problèmes industriels; le P. Muench a élaboré un plan de Comité National pour l'Industrie; le D<sup>r</sup> Mc Lean s'occupe des grèves; le prof. Haggerty, des salaires et du *standard of living* aux États-Unis; M. Kenkel, le directeur de la *Justice sociale*, étudie tous les problèmes sociaux; le P. Bolger, C. S. C., la question du juste salaire; le P. Siedenberg, S. J., les fins du travail social et les fins de la législation sociale; le P. Boss, les obligations des consommateurs à l'égard des ouvriers producteurs; le Dr Kerby, la charité, principe d'Action Sociale; le Rév. Dietz est un zélateur du mouvement social ouvrier; M. Zenkert est le directeur de *Buffalo Echo*, un des organes sociaux les plus appréciés des États-Unis; le Dr O. Grady est le secrétaire de la Conférence nationale des Charités catholiques. Il y a aux États-Unis 1.500 conférences de Saint-Vincent de Paul avec 25.000 membres.

Les catholiques aussi s'intéressent à la question de la paix. Dans leur lettre collective de 1920, les évêques marquèrent les conditions et l'urgence de cette paix. Le N. C. W. C. n'a pas manqué de la promouvoir. En dehors de lui, en 1927, les catholiques ont constitué l'*Association pour la paix internationale*. Elle comprend un grand nombre de prêtres et de laïques de toute la république. Son travail consiste en des réunions de son Comité, où sont discutés des rapports que publie ensuite l'Association. Jusqu'ici, il en a paru quatre: la *Morale internationale*, les *Causes de la guerre*, les *Moyens de développer les amitiés avec l'Amérique du Sud, Ancienne et Nouvelle sécurité*.

*<br>* *

4º *Le Département de la Presse.* — Les catholiques américains n'ont à cette heure qu'un seul petit journal quotidien dans un État de l'Ouest. Beaucoup trouvent que cette situation qui les a servis jusqu'ici est encore la plus avantageuse. Les journaux de grande circulation, ayant besoin de leur argent, sont obligés de les respecter, eux et leur croyance. Du jour où ils auraient leurs quotidiens, ceux d'en face seraient beaucoup plus libres à leur égard. Ils ont donné tous leurs soins à leurs publications hebdomadaires et ils ont réussi. On voudrait que chaque diocèse ait la sienne. Elles sont strictement religieuses, et mettent leurs lecteurs au courant de tout ce qui peut intéresser leur catholicisme autour d'eux, dans les différents états américains et dans l'univers entier. Aucune politique mesquine et bigote. Le fidèle, quel que soit son parti, ne trouve dans ces hebdomadaires, rien qui le choque ou le passionne à faux, comme le font souvent ailleurs des organes se disant catholiques ! C'est vrai, les publications américaines ont parfois l'horizon borné et un peu sacristain. Mais le croyant qui a les moyens de voir plus loin préfère ces limites aux exploitations de sa religion par des égoïsmes politiciens.

L'état prospère de la presse catholique américaine est dû, en très grande partie, à Mgr Russell, évêque de Charleston, le premier chargé de son organisation au N. C. W. C. Dès l'abord, il se rendit compte qu'il devait constituer une agence pour centraliser les nouvelles. Il y avait alors et il existe encore une Association de la Presse catholique. Elle avait à Washington un service qui envoyait chaque semaine une lettre de New-York, une autre de Londres et un câble très bref de Rome. Elle ne mit aucun obstacle à la réalisation du plan de Mgr Russel. D'accord avec les évêques, il s'assura les services du catholique le plus compétent et le plus expérimenté comme chef laïque du département, en la personne de Justin Mc Grath pendant longtemps éditeur principal et rédacteur en chef du *San Francisco Examiner*.

Un état-major général de compétence lui fut adjoint; on trouva des reporters pour les grandes villes et des correspondants remarquables pour l'étranger.

Au moment où le service des nouvelles fut pris à l'Association de la presse catholique, 32 feuilles hebdomadaires étaient alimentées par le service limité dont on a parlé, avec un roulement de fonds de 3.900 dollars. Aujourd'hui, le roulement est de 80.000 dollars (les évêques donnent encore tous les ans 20.000 dollars) et un quotidien et 75 hebdomadaires, dont 14 fondés grâce à ce bureau, reçoivent un service, consistant en :

1º Une feuille de nouvelles imprimées sur huit colonnes de la dimension d'une feuille de journal;

2º Un ensemble de nouvelles supplémentaires avec titres, réunissant 25 ou 30 feuilles imprimées au miméographe;

3º Une lettre de Washington préparée par Elmer Murphy, un journaliste éminent, en relations pendant longtemps avec les principaux journaux de New-York;

4º Une feuille éditoriale mensuelle, portant des éditoriaux sur des sujets vitaux d'actualité, d'autres articles par des écrivains distingués, une revue des livres et des articles de magazines. La plupart des journaux payent un petit extra pour un service régulier par câble hebdomadaire, reçu de tous les correspondants. Ceci est facultatif, mais le nombre de ceux qui usent de ce service complet va tous les jours en augmentant.

Les collaborateurs de ce service comptent parmi les bons écrivains du pays et de l'étranger. L'article d'intérêt immédiat n'est jamais oublié. Ainsi dans une édition de Noël de la feuille éditoriale, la description par Papini de la naissance du Christ, fut publiée bien avant la traduction de la *Storia di Cristo*. Au département de la Presse, un bureau complet d'échange et de coupures est rattaché. Tous les quotidiens laïques importants du pays, et près de cent hebdomadaires catholiques sont parcourus avec soin. Les endroits se rapportant de loin ou de près aux affaires de l'Église sont indiqués et annotés. On peut ainsi fixer l'attention des autres départements sur les matières qui les intéressent particulièrement.

Mais ce bureau fait plus que fournir des nouvelles aux feuilles catholiques. Il étend leur influence à la grande presse au profit de l'Église et de la protection et édification de chaque fidèle.

Aussi Mgr Russell décida-t-il de faire chaque année une campagne d'un mois, pour stimuler les catholiques et aider les journaux à augmenter leurs bénéfices et leur action. La première campagne eut lieu en mars 1920. Des affiches sensationnelles en couleur furent fournies à tous les organes utilisant l'Agence; une brochure intitulée, *Catholiques savez-vous ?* fut préparée comparant les conditions de la presse en Amérique, à la situation et à l'influence de la presse des autres pays. On enrôla les membres des deux comités d'hommes et de femmes, on lança une vingtaine d'éditoriaux pour insister sur l'urgence du nouvel apostolat. La chaire s'associa avec ardeur à la campagne.

Le résultat fut impressionnant. Deux exemples le montreront : la *Baltimore catholic Review* augmenta sa circulation en un mois de 10.000 à 18.000 exemplaires; le *Catholic News* de New-York accusa un tirage additionnel de 25.000.

Défenseur de la doctrine catholique contre les erreurs courantes, le département de la presse est toujours en éveil. Il a souvent obligé revues et quotidiens de grande circulation à se rétracter.

Le service des nouvelles est utilisé dans les collèges et les écoles.

Le professeur Carlton Hayes, de l'université de Colombie à New-York, s'en sert pour son cours d'histoire. Le Frère Lee, un spécialiste de l'éducation, sur la côte du Pacifique, l'a introduit dans les collèges de cette section. Une circulaire fut envoyée à d'autres instituteurs avec un tarif particulièrement bas. Quarante acceptations furent la première réponse.

La quantité et la qualité du travail réalisé par l'Agence des nouvelles jouit d'une réputation mondiale. L'afflux est constant au département de la Presse, des visiteurs venant d'Amérique et des autres pays pour l'étudier.

A côté des journaux hebdomadaires de divers diocèses, à peu près tous reliés au N. C. W. C. et qui s'adressent au grand public catholique, existent d'autres organes pour les esprits plus cultivés. Les jésuites ont l'hebdomadaire *America* et le trimestriel *Thought*. A Philadelphie se publie l'*Ecclesiastical Review*, spécialement pour le clergé séculier que dirige avec sagesse et intelligence le D<sup>r</sup> Kerby. En 1922, fut fondé par M. Michaël Williams, à New-York, *The Commonweal*, hebdomadaire qui groupe dans son comité de rédaction des laïques de haute valeur, comme M. Schuster. Il a obtenu un grand succès de diffusion et peut avoir une heureuse influence, quand son programme sera bien mûri par l'expérience des réalités américaines en contact avec le catholicisme. Le *Catholic World* des PP. paulistes est la plus ancienne revue catholique aux États-Unis. Elle reste la mieux faite et la plus intéressante. Les *Editorial Comments* du P. Gillis, son directeur, sont de l'apologétique journalistique du meilleur aloi littéraire. Il y a là une profondeur d'ironie, une fraîcheur d'humour que je préfère à la manière lassante de Chesterton qui ne semble voir dans le catholicisme qu'un paradoxe. Le Rev. Guilday a récemment fondé *The catholic historical Review*, et Mgr James Ryan, aujourd'hui Recteur de l'université catholique de Washington, *The New-Scolasticism*, qui peuvent aider beaucoup à élever le niveau intellectuel.

5° *Département des œuvres laïques d'hommes et de femmes*. — Qui étudie ce département comprend pourquoi *La conférence catholique du bien-être national* a si bien réussi en une période de temps relativement brève, et pourquoi son avenir est plein de promesses. Elle est basée sur deux fermes principes d'administration catholique. Toute l'entreprise est sous le contrôle direct des évêques, représentants en Amérique du Vicaire du Christ. Ensuite, le lien, entre les évêques et des laïques zélés et responsables, se forme d'abord dans l'unité paroissiale. Ainsi l'impulsion donnée par l'Ordinaire s'ajoute à l'action efficace du curé de la paroisse.

Mgr Schrembs, évêque de Cleveland, chargé devant les autorités de l'administration de ce département, fit preuve dans le comité de guerre d'un génie d'organisation et d'une ardeur qu'aucune difficulté n'arrêtait. Sous sa direction se développèrent deux des annexes les plus considérables du Conseil national. Au seul point de vue de ce qu'ils ont fait, pour éveiller et aiguiser le sentiment de leur devoir chez les laïques, les Conseils nationaux d'hommes et de femmes catholiques méritent d'être étudiés. Mais l'admiration grandit encore, quand on connaît les résultats obtenus pour unifier et intensifier l'action.

Des Conseils paroissiaux, formés de tous les paroissiens et dirigés par un Comité exécutif où toutes les classes sont représentées, le mouvement s'étend au Conseil de district, au Conseil diocésain et, finalement, au Conseil national par l'élection de délégués, allant du plus petit au plus grand.

Dans ces divers Conseils, chaque problème se posant aujourd'hui devant les catholiques américains, est étudié. Par eux s'établit la coopération qui rend possible l'action efficace de tous les départements du centre impulseur qui veut servir non dominer.

L'organisation du pays sur ces bases n'était ni

l'affaire d'un jour ni celle d'un mois. Aujourd'hui plus de la moitié des diocèses marche dans cette voie et le reste se prépare à suivre. Les deux grandes associations catholiques des *Chevaliers de Colomb* et de la *Société du saint Nom de Jésus,* se sont affiliées à l'organisation centrale de Washington et collaborent avec elle. Les autres, si nombreuses, les ont imitées. J'en cite quelques-unes : l'ancien Ordre des Hiberniens, la Légion catholique bénévole, l'Ordre catholique des forestiers, l'Union catholique des jeunes gens, le Club catholique de Saint-Georges, les Chevaliers de Saint-Jean, la Fédération catholique slovaque d'Amérique, le Conseil supérieur des conférences de Saint-Vincent de Paul aux États-Unis, l'Alliance nationale des Tchèques catholiques, les Filles catholiques d'Amérique, les Dames catholiques de Colombie, la Légion volontaire des femmes catholiques, la Société de l'Enfant-Jésus, la Fédération internationale des pupilles catholiques, les Dames auxiliaires de l'ancien ordre des Hiberniens, l'Association bénévole des dames catholiques, les Dames auxiliaires des Chevaliers de Saint-Jean et l'Ordre des femmes catholiques de forestiers.

Il convient de donner ici quelques détails sur la *Société du saint Nom de Jésus* et sur les *Chevaliers de Colomb.* La première fut fondée le 10 septembre 1274, quand le pape Grégoire X demanda au T. R. P. Jean Vercelli, général des dominicains, d'inviter ses religieux à prêcher l'honneur dû au saint Nom de Jésus. Cette dévotion devint donc, avec le Rosaire, la dévotion de l'Ordre dominicain. Un de ses fils, un Espagnol, Didace de Victoria, l'organisa au xvie siècle. Des rois, comme Charles V et Philippe II, l'encouragèrent dans leur vaste empire en Europe et en Amérique. Dès lors, on trouve partout de grandes manifestations ou parades dont les confrères du saint Nom sont les initiateurs. La pieuse association fut introduite dans l'Amérique du Nord par les missionnaires dominicains espagnols ou français. Telle qu'elle y existe maintenant, elle y fut fondée, il y a soixante ans par le P. Mc Kenna, son grand propagateur dans tout le pays. Une foule d'évêques l'établirent dans leur diocèse. Elle compte aujourd'hui plus de quarante-deux unions diocésaines, plus de six mille confréries et deux millions d'hommes. Elle a son centre et ses bureaux près de l'église des dominicains de New-York, dans la Lexington Avenue. Tous les ans, elle organise en quelque ville, des parades monstres où l'on voit souvent plus de 200.000 hommes. Bien que sous la direction des dominicains, elle est strictement paroissiale. Son objet est l'honneur et la révérence du saint Nom de Jésus, par certaines pratiques de piété fort simples et par la lutte contre le blasphème. Elle exige de ses membres qu'ils s'approchent des sacrements le deuxième dimanche de chaque mois. Fidèle au drapeau et à l'idéal américains, sans s'immiscer dans la politique, elle a gagné le respect et l'estime des protestants. « Je salue l'activité de cette société, disait le Président Roosevelt à une de ses parades à Oyster-Bay, en 1903, comme le type d'une de ces forces qui tendent à améliorer et à élever notre système social. »

Avec la Société du saint Nom de Jésus, les Chevaliers de Colomb sont la plus importante et la plus connue des organisations des catholiques laïques américains. Ils furent fondés par un prêtre dans l'État de Connecticut en 1882. Ils ont à leur tête un suprême chevalier, un conseil suprême et un comité de directeurs qui est l'agent exécutif de l'Ordre. Chaque section a une hiérarchie analogue, subordonnée, dont les membres sont soumis à l'élection. En 1927, il y avait 61 sections ayant en tout 700.000 membres, s'étendant jusqu'au Canada et à Terre-Neuve. D'abord seulement Société de secours mutuels, ayant déjà distribué pendant quarante-six ans, 26 millions de dollars à ses associés, elle s'est adjoint par la suite, des éléments qui ne profitent pas de ses avantages économiques, mais qui veulent réaliser ses fins morales. L'Ordre tend à développer en ses membres le dévouement à Dieu et aux intérêts du pays et de l'Église. Il a, à la manière des francs-maçons, un système original d'initiation. Il oblige au secret ses affiliés, et ils ne peuvent le révéler que lorsque le bien de l'État ou de l'Église l'exigent. Il serait trop long d'énumérer ici ses œuvres de charité et de culture, pour le bien du catholicisme des États-Unis et de l'humanité. Je n'en citerai que quelques-unes : en 1904, il fonde une chaire d'histoire de l'Amérique, à l'université catholique de Washington; en 1912, il donne 500.000 dollars à cette université; en 1919, il ouvre dans les plus grandes villes des cours d'adulte gratuits pour 313.000 vétérans de la guerre; en 1923, il institue une école par correspondance pour les membres de l'Ordre, et en 1927, pour toute leur famille, et il donne 75.000 dollars à la Légion américaine et la même somme aux invalides de la guerre; en 1921, il nomme une commission historique, pour encourager par des récompenses les recherches sur les origines, les événements et les problèmes des États-Unis, pour interpréter et perpétuer les principes de liberté, de souveraineté populaire et de gouvernement d'opinion, pour promouvoir la solidarité et exalter l'idéal américain; cette même année 1921, il vote un fond de 1 million de dollars pour les œuvres du pape à Rome, etc. L'Ordre a un organe mensuel, *Columbia*, très répandu même hors des États-Unis. Les intégristes de divers pays, groupés autour de la *Revue internationale des sociétés secrètes*, accusent les Chevaliers de Colomb d'être des francs-maçons, malgré les éloges que les évêques et le pape leur prodiguent.

Ces laïques militants comprirent la nécessité d'avoir des travailleurs sociaux entraînés. Les femmes fondèrent à Washington l'*École nationale du service social*. Avec ses trois magnifiques édifices elle n'a pas son égale aux États-Unis. Des étrangers venus de France, de Belgique, de Pologne, des Philippines, du Guatemala et d'ailleurs suivent ses cours. Elle est affiliée à l'université catholique.

*Bureau de l'émigration.* — L'exécutif du N. C. W. C. s'occupe du bureau des *émigrants*. Cette œuvre a, en Europe, un directeur chargé de se mettre en relations avec les œuvres catholiques s'occupant d'émigration. Elle suit les familles depuis leur paroisse jusqu'aux ports d'arrivée. Ses efforts sont parfaitement coordonnés avec ceux du département de l'action sociale.

*Bureau de l'Évidence catholique* — La campagne présidentielle de 1928 où Alfred Smith, un catholique, se présentait comme candidat à la Maison-Blanche, souleva une tempête de basses calomnies contre l'Église. Elle surprit beaucoup de fidèles de Rome aux États-Unis. On décida de réaliser enfin un bureau d'apologétique et de l'adjoindre au département des œuvres laïques. On le chargea du soin de réfuter les préjugés répandus contre le catholicisme, surtout en montrant qu'il n'était pas opposé aux institutions américaines. Il devait en même temps faire œuvre positive et donner sur l'Église, ses dogmes, sa morale et ses rites, les informations utiles sans acrimonie contre les autres confessions. On l'a appelé *Catholic Evidence Bureau*.

A côté des cinq départements se trouve celui de *l'Exécutif*. Le P. Burke, un Pauliste, le dirige. Il surveille et distribue le travail. Tous les mois paraît la *Revue du N. C. W. C.* son organe officiel qui porte des nouvelles de l'œuvre à plus de 25.000 adhérents. Une revue du *Cinema*, chargée d'examiner les films et d'en proposer, lui est adjointe avec un Bureau. Ce département s'occupe aussi de recherches historiques (*Bureau of historical records*), de la publicité et des publications (*Bureau of publicity and publications*). Il a à sa charge le côté économique de l'organisation.

# CHAPITRE III

## Un Congrès-type des œuvres laïques.

Sommaire : *L'École du service social. — La question nègre. — Les œuvres de jeunesse.*

Les différentes œuvres organisées dans le N. C. W. C. ont de temps en temps des congrès. L'on y examine les résultats obtenus et l'on y étudie ce qui reste à faire.

Du 20 au 30 septembre 1921, je me trouvais à Washington et j'assistais au congrès des sections laïques. Je vais en parler en témoin.

A l'ouverture, le 20, quarante évêques et plus de deux mille hommes étaient présents. L'archevêque de San Francisco, Mgr Hanna, Président du N. C. W. C., prit d'abord la parole. Après lui, le sénateur Walsh demanda aux catholiques d'appuyer l'initiative du Président Harding en faveur du désarmement. On choisit pour diriger les débats l'amiral Benson, dont la situation dans la marine américaine est considérable. Il trouve encore le temps de se dévouer à la section laïque du N. C. W. C. Le rapport intéressant fut celui du secrétaire de cette section, M. Slattery.

Il portait sur le travail de l'année écoulée. Un aperçu des idées développées permet de se rendre compte des préoccupations du catholicisme, et d'entrevoir déjà les difficultés auxquelles il doit faire face et dont je parle plus loin. Le voici. La section a fondé une *École de Service social* qui fournit des travailleurs habiles à différentes œuvres et industries. Une somme de 50.000 dollars lui a été attribuée. Elle a institué des bureaux pour les immigrants, et la défense des catholiques aux Philippines contre le prosélytisme des protestants. Elle a pris des mesures qui contrebalanceront leur action, parmi les milliers d'ouvriers mexicains venant travailler aux États-Unis. Elle s'est occupée de la question des noirs [1].

1. Le clergé catholique américain a dans ses rangs quelques prêtres de couleur. L'un des meilleurs rapports au congrès fut lu par l'un d'eux. Il reste beaucoup à faire pour établir un contact avec la masse des noirs, près de onze millions.

La plupart appartiennent à la secte des baptistes. Beaucoup pourraient être catholiques, car leurs anciens maîtres, au Texas et dans la Louisiane, l'étaient. Pourquoi ne le sont-ils pas? Après la guerre de Sécession, les esclaves affranchis, en vertu du préjugé de race, furent abandonnés même des prêtres catholiques. On me l'a affirmé à la Nouvelle-Orléans. Les pasteurs baptistes en profitèrent pour les conduire à leur bercail. On rencontre souvent en Louisiane et au Texas, des noirs dont les grands-pères et pères furent catholiques.

A cette heure, on n'en compte pas plus de 250 000 dans tous les États-Unis.

Les évêques insistent pour que les prêtres les acceptent dans leurs églises sur le même pied que les blancs. On leur ouvre les portes des grands séminaires, et plusieurs sont arrivés au sacerdoce. Il y a à la Nouvelle-Orléans un

Mais c'est la jeunesse qui a surtout fixé son attention.

Plusieurs œuvres s'y dévouent : celle des *Boys scouts catholiques*, dont 2.600 groupes ont été créés en 18 mois; celle de la *Brigade des jeunes catholiques des États-Unis;* celle des *Cadets des Chevaliers de Saint-Georges.* Elle les encourage et les soutient toutes.

Au témoignage du rapporteur, « jamais il n'y eut dans l'histoire de la République autant de littérature anticatholique imprimée qu'aujourd'hui. » — (Nous sommes en 1921 et depuis la situation ne s'est pas améliorée.) — Le sénateur Watson de Georgie, me dit-il, a osé en plein Sénat, accuser l'évêque de Savannah de faire enlever tous les ans 60.000 jeunes filles, pour les réduire en esclavage

ordre de femmes, fondé exprès pour eux. Le cardinal Gibbons qui, en 1887, avait été à Mill-Hill, près de Londres, l'hôte des Pères joséphites qui y avaient un séminaire préparatoire aux missions nègres, gagné à l'idée, invita les religieux à établir leur œuvre dans son diocèse. Là existe aussi un institut qui porte son nom. Créé sous son impulsion par les catholiques, il se consacre à l'éducation et à l'instruction des nègres sans distinction de croyances.

Mais le préjugé contre eux, même chez les catholiques, est résistant. Un curé français de la Nouvelle-Orléans chez qui je prêchais, ayant reconstruit son église, des paroissiens vinrent le supplier d' « en exclure la négraille ». Il ne les écouta pas, mais dut se contenter de leur assigner des bancs derrière les autres fidèles, *for coloured people,* Me trouvant un jour chez un dentiste, auditeur assidu de mes sermons, nous sortîmes de son cabinet pour voir passer une société nègre qui célébrait une de ses fêtes : « N'est-ce pas un malheur, me dit ce brave homme, qu'on ait éduqué ces gens-là ! »

dans les couvents du Bon Pasteur. Le boycottage proposé contre les catholiques par certaines associations secrètes, comme le Ku-Klux-Klan qui y ajoute les juifs et les nègres, obligent les laïques catholiques à être sur leurs gardes et à se défendre. Ils n'y ont pas manqué. Un projet de loi connu sous le nom de *Smith Turner bill* a été récemment déposé au Congrès, qui donnerait au gouvernement fédéral, une autorité sur toutes les écoles. Cette centralisation, enlevant aux États et aux autorités locales leurs attributions en matière scolaire, est une grave menace pour la liberté d'enseignement. Nous avons pu obtenir jusqu'ici que le *bill* resterait simple projet. On nous avait accusés d'agir pour des motifs confessionnels étrangers. Nous avons aidé à l'édition d'un *Catéchisme civique*, qui « prouvera, déclare le rapporteur, à nos concitoyens que les catholiques sont des constructeurs positifs et non d'éternels opposants. Ils acceptent les charges de la démocratie américaine en même temps que ses privilèges. » Par notre soin encore, un *Catéchisme social* a été publié pour les cercles d'études. Les laïques y trouveront un exposé des problèmes sociaux et de leur solution à la lumière de l'Évangile et de l'Église. On s'est occupé de l'assainissement du théâtre et du cinéma. Les congressistes ont pu assister à Washington à une pièce réalisant l'idéal désiré. On a étudié la question des journaux. « Un organe catholique dans chaque foyer, tel est le but à atteindre. » Il ne s'agit que d'un organe hebdomadaire, les catholiques n'ayant aucun quotidien important.

Enfin la section honora d'une cérémonie catholique toutes les tombes des soldats américains morts dans la grande guerre. Elle prépare un livre exposant le rôle des laïques dans les œuvres de bienfaisance, depuis les premiers temps de l'ère chrétienne jusqu'à nos jours.

M. Slattery termina ainsi son rapport : « Nos possibilités d'action dans un prochain avenir, quand notre organisation fonctionnera en chaque diocèse, avec des catholiques bien entraînés, bien disciplinés pour répondre à l'appel de nos chefs divinement choisis, sur n'importe quel terrain, est pleine de promesses. Dix-huit millions de nos coreligionnaires pensant, travaillant, dévoués comme un seul homme, voilà ce qu'il faut, avec l'aide de Dieu, arriver à réaliser. » Ce rapport fort discuté dans les divers comités, fut approuvé.

On aborda aussi dans ce congrès, la question des sans-travail. Il y en avait alors près de 6 millions, et le président Harding venait de nommer une commission pour essayer de la résoudre.

On émit le vœu que « dans l'accord final entre le gouvernement des États-Unis et celui du Mexique, les droits religieux et civils des catholiques soient respectés. » Un autre vœu demandait que « les leaders du peuple irlandais, dans les pourparlers diplomatiques engagés en ce moment, obtiennent la forme du gouvernement acceptable par lui, comme nation. »

L'atmosphère de ces réunions, écrivait *The catholic review of Baltimore*, favorisa un américanisme pratique. On y présenta un idéal que tous les hommes dignes de ce nom, catholiques, non catholiques et juifs, peuvent suivre. Cet idéal, Washington le montra à son armée en haillons, « ardente et invincible dans la lutte », et où tous les credo se confondaient. »

Un télégramme de loyalisme fut envoyé au Président, lui promettant appui et sympathie dans tout ce qu'il entreprendrait pour la prospérité et la grandeur des États-Unis. Le samedi 24, le chef de l'État reçut une nombreuse délégation. Je fus invité à m'y mêler. Cette réception marquait, me dit-on, une date dans l'histoire du catholicisme américain. Les précédents exécutifs l'avaient rarement traité avec autant de bienveillance.

Trois choses me frappèrent dans ce congrès : un dévouement sans bornes et admirable des laïques catholiques à leur vieille mère l'Église; un désir plus vif que jamais après la guerre, de s'américaniser; l'acceptation franche de la démocratie, de ses postulats, de ses privilèges et de ses charges dans l'ordre politique.

Les femmes catholiques ont annuellement un congrès. Je me trouvais à Washington à la fin de septembre 1929, quand il se tenait. C'était le dixième depuis la fondation du N. C. W. C. et, m'assurat-on, le mieux réussi. La veille de son ouverture, j'entendis une splendide conférence de M. Thomas Woodlock, frère du jésuite anglais du même nom. Il occupe dans l'administration financière de la République un poste très élevé. Il parla avec compétence et sagesse de l' « Église visible » et de l'action laïque dans le champ de l'apostolat. Cette action réservée surtout à ceux qui sortent des collèges catholiques, exige qu'ils soient au courant des questions débattues en histoire, science, philosophie et même théologie, pour leur donner une réponse adéquate.

Dans les réunions privées, on discuta les graves problèmes du *Birth cnotrol*, du divorce, des missions pour étudiants, des cercles d'études, du travail parmi les immigrants.

Quelques semaines après, le congrès des hommes se tenait, cette fois, à Fort Wayne, à l'invitation expresse de l'ardent évêque de ce diocèse. On y aborda à nouveau, la question de l'apostolat laïque. On traça un plan pratique de réalisation. Le prélat insista sur l'utilisation du radio pour diffuser la pensée catholique. A leur réunion de novembre, les évêques américains permirent au N. C. W. C. de faire un appel de fonds de 75.000 dollars pour l'emploi du radio dans ce but. A ce congrès, M. John Boland de la *Catholic Truth society* d'Angleterre, parla de l'apostolat des laïques catholiques anglais, et en particulier du travail de la *Catholic Evidence Guild* [1].

Mgr Mc Nicholas, archevêque de Cincinnati à

---

1. Il ne sera pas inutile de dire un mot ici de cette œuvre originale. Voici ce que j'écrivais dans plusieurs organes européens, en décembre 1929, à son sujet, après l'avoir visitée:

« C'est vers la fin de l'année 1918 que fut fondée dans le diocèse de Westminster, à Londres, la première *Catholic Evidence Guild*. Depuis longtemps, les différentes confessions religieuses, si nombreuses en Angleterre, avaient leur *platform* ou tribune, à Hyde Park, et même à des coins de rue. Tous les dimanches, chacune y expliquait à la foule qui

la messe d'ouverture du Congrès, avait exposé le rôle et la place des laïques dans l'apostolat des prêtres. « Conscient de la responsabilité qui pèse sur moi, dit-il, comme évêque de tous les laïques de mon diocèse, je sais que le désir formel du vicaire actuel du Christ, est de restaurer cet apostolat de la

s'assemblait autour de son speaker son credo spécial. Les catholiques, en raison sans doute des préjugés tenaces entretenus contre eux et de la haine dont ils étaient poursuivis par les protestants, n'avaient pas osé entrer dans la lice. Cette fin d'année 1918, vit se dresser à Hyde-Park, une large *platform* surmontée d'un grand crucifix qui la distinguait entre toutes les autres.

« J'ai plusieurs fois assisté à ces exposés religieux en plein air, devant des foules nombreuses, attentives et respectueuses. J'y ai entendu une jeune demoiselle expliquer clairement le scapulaire. J'ai encore dans l'oreille la réflexion d'un auditeur qui s'écriait : « Mais ces choses-là, il n'y a que les Irlandais qui les portent. » A la fin de son exposé, « la théologienne » répondit fort bien aux observations et aux critiques qu'on lui fit.

« A une trentaine de pas de la *platform* catholique, adossé à un arbre, un homme qui me parut un maniaque, devant six ou sept auditeurs, expliquait pourquoi, à son avis, il ne pouvait y avoir de Dieu.

« Quand les catholiques se mirent à parler à Hyde-Park, on alla un peu au petit bonheur. Y montèrent en leur chaire ceux ou celles qui en manifestaient le désir. On s'aperçut vite que des amateurs n'étaient pas toujours des gens qualifiés pour une aussi difficile besogne. Ils trébuchaient souvent devant les difficultés ou ne savaient pas répondre pertinemment. On se décida à organiser des cours préparatoires. Depuis lors, nul n'est autorisé à monter sur la *platform* à Hyde-Park ou à parler dans les rues, qui n'a pas eu de formation nécessaire et ne possède pas une sorte de diplôme.

« Cette discipline et ces exigences auront sans doute, pensez-vous, écarté les « speakers » apologistes du catholi-

primitive Église, où les laïques hommes et femmes avaient leur part des travaux de la hiérarchie. J'espère ardemment que bientôt on trouvera dans quelque diocèse, la forme approuvée d'organisation qui permettra à cet apostolat laïque de fonctionner. » Un des congressistes, M. Patrick Ward, demanda qu'il eût un caractère international, pour travailler avec les catholiques laïques des autres pays « à faire des principes chrétiens, la norme de la vie et de la pensée de tous les peuples. »

cisme. Il n'en est rien. A cette heure, il n'y en a pas moins de 120 (80 hommes et 40 femmes) dans le diocèse de Westminster et ils ne reçoivent aucun salaire. De Londres, la *Guild* a essaimé dans toute l'Angleterre. On en compte une trentaine. Elle fonctionne aussi en Hollande et en Australie.

« Et les résultats obtenus? Je laisse la parole à M. Sheed-Ward, l'un des grands *debaters* avec sa femme (Mlle Ward), de la *Guild* :

« Nous bâtissons pour l'avenir. Nous ne comptons pas sur des résultats immédiats. Mais ce que nous avons déjà obtenu est assez important pour montrer que la *Guild* est dans la bonne voie. Les convertis nous arrivent tous les jours plus nombreux. Mieux encore, des catholiques, nous ayant abandonnés, reviennent à la foi à la suite de notre travail, en grand nombre. Pour l'instant, nous ne visons pas à la conversion des individus, mais à l'instruction de toute la masse du peuple anglais. Dans ce sens, il y a des résultats que chacun de nous peut voir : des foules se pressant autour de nos *platforms* une semaine après l'autre, imperturbables sous la neige et la pluie, nous abordant férocement hostiles et arrivant peu à peu à une réelle cordialité; une conviction de plus en plus forte, au moins de l'honnêteté des orateurs catholiques, dè vieux mensonges affublés de nouvelles défroques, en un mois, tués quand l'Église est enfin connue sous son vrai jour... »

# CHAPITRE IV

## Une assemblée générale type des évêques
## à Washington.

Sommaire : *La question irlandaise. — La Propagation de la Foi. — D'abord dissous, le N.C. W. C. est ensuite approuvé par le pape.*

Chaque année, tous les évêques des États-Unis se réunissent à Washington pour discuter les questions d'intérêt général concernant leur Église. En 1921, leur réunion coïncidant avec le Congrès des œuvres laïques, je fus au courant de quelques manifestations et de quelques résultats de leur activité. Ils méritent d'être connus et permettent de comprendre le caractère, la portée et l'utilité de ces « conciles annuels ».

Les trois quarts des membres de la hiérarchie catholique aux États-Unis, sont d'origine irlandaise. Il est donc très compréhensible qu'avant d'aborder les questions d'intérêt général pour leur Église, à l'occasion des tractations alors en cours entre l'Angleterre et l'Irlande, les prélats américains, réunis à Washington, en septembre 1921, aient envoyé au cardinal Logue, une longue lettre dont je traduis ces lignes vibrantes d'amour et d'espoir :

« Il n'est pas dans notre intention, Éminence, de rendre plus difficile par nos paroles le succès des négociations dont le monde attend l'issue, la poitrine haletante. Mais dans le véritable esprit de notre sainte Foi, unis avec nos peuples de toute race et de toute condition, nos prières montent de chaque autel en ce pays, pour que Dieu, dans sa sagesse, mette un terme aux sept siècles de douleur de l'Irlande, pour que cette race apostolique entre toutes les races des peuples de Dieu, puisse recevoir la récompense de tout ce qu'elle a fait pour l'Église d'Amérique et d'ailleurs, en obtenant la satisfaction de ses aspirations nationales. »

Le vœu à propos du désarmement avait été un des plus chaudement discutés au congrès des laïques. Il le vota avec cette clause que « le gouvernement des États-Unis, en prenant en mains le projet de limitation des armements, devait avoir l'œil à ce que, toujours, des moyens suffisants de protection soient maintenus pour faire face à n'importe quels dessins, de n'importe quel gouvernement, cherchant à intimider ou neutraliser le nôtre dans la protection de ses intérêts. » Cette clause, dans ce milieu, visait à ce moment, surtout, l'Angleterre et le Japon.

Sur le même objet, les évêques émirent un vœu moins belliqueux. Ils approuvaient d'enthousiasme le projet du président Harding, initiateur de la conférence sur le désarmement, réalisation de la pensée de Benoît XV. Ils demandaient avec les catholiques des États-Unis, «de faire du 11 novembre jour de l'armistice et de l'ouverture de la Conférence, un jour de prières spéciales, afin que la bénédiction de Dieu se répandît sur elle et que le Saint-Esprit aidât ses délibérations, pour hâter cette ère de paix et de bonne volonté, vers laquelle les peuples éprouvés de la terre aspirent, prient et travaillent. »

Entre les questions discutées par les évêques américains en cette assemblée annuelle de 1921, fut celle de la *Propagation de la Foi*. Des résolutions graves auraient été prises. Puisque l'occasion se présente, je dirai quelques mots sur ce sujet particulièrement intéressant pour les Français.

La *Propagation de la Foi*, fondée à Lyon en 1822, avait son centre administratif en France avec deux sièges, l'un à Paris et l'autre dans la ville où vécut la fondatrice. La distribution de fonds, qui de 20.000 francs en 1822, atteignait en 1922 une moyenne de 18.000.000 de francs, avait lieu à des intervalles réguliers par les bureaux, après un examen comparatif des demandes des chefs de missions envoyées tous les ans. La division était faite d'un commun accord, entre le bureau de Lyon et celui de Paris. La liste des allocations, une fois décidée, était soumise à la Sacrée Congrégation de la Propagande, qui la revoyait. Quand la liste dressée était de retour de Rome avec ses modifications, les paiements se faisaient.

Bien que l'œuvre eût pris toutes les précautions pour assurer une parfaite impartialité dans la distribution, elle devait éveiller les susceptibilités nationales. Déjà avant la guerre, l'Allemagne avait des organisations catholiques indépendantes des centre de Paris et de Lyon.

La hiérarchie épiscopale des États-Unis, qui, depuis 1918, se réunit tous les ans à Washington, avait demandé à Rome que l'administration de la « Propagation de la Foi », pour la part qui les intéressait, soit remise entre les mains des Américains et détachée de l'administration française. En février 1921, la presse catholique obéissant à un mot d'ordre, publiait le plan arrêté par les évêques sur cette question. J'en traduis la partie essentielle :

« Cette organisation sera appelée le centre américain des missions catholiques. Son objet sera charitable, religieux et éducatif. Il se proposera d'aider et de promouvoir le travail des missionnaires catholiques dans toutes les parties du monde ; de distribuer les fonds recueillis ou donnés, d'assister les Églises et les écoles des missions, de pourvoir à l'enseignement de la doctrine chrétienne et de répandre la littérature de propagande religieuse. »

Suivait la description des détails de l'administration.

Par « mission » l'épiscopat américain entendait non seulement celles qui se trouvent hors des États-Unis, mais celles qui existent ou pourraient être créées dans ce pays.

Ce plan, connu sous le nom de « plan américain » fut envoyé au Saint-Siège qui le soumit à la Propagande. Celle-ci approuva et le Pape Benoît XV, le 12 décembre 1921, le sanctionna.

L'épiscopat américain n'obtint pas la faculté de distribuer lui-même les ressources qu'il recueillait. Quand le 18 janvier 1922, l'*Osservatore Romano* annonça que les bureaux de Lyon et de Paris seraient mis sous la juridiction directe de la Propagande et portés à Rome, il sous-entendait que des bureaux équivalents ne seraient pas créés à Washington ou à New-York.

Je crois, pour ma part, et je m'appuie sur le témoignage de Français s'occupant de l'œuvre au dehors, qu'elle aurait pu depuis longtemps, si les Lyonnais avaient été plus souples, trouver un biais pour s'internationaliser et éviter des froissements très compréhensibles. Mais, d'un autre côté, l'on a peut-être oublié en Amérique, l'aide désintéressée que jusqu'en ces dernières années lui a apportée, pour ses missions, la France catholique; l'on a oublié que ce fut précisément pour secourir la mission catholique de la Nouvelle-Orléans, que l'évêque français, Mgr Dubourg, vint à Lyon en 1815 et y provoqua la fondation de l'Œuvre de la Propagation de la Foi.

Hâtons-nous de dire que, depuis que ses bureaux, aux États-Unis, sont aux mains des Américains, il y a eu dans leur largesse une véritable émulation. En 1924, ils remettaient au bureau central à Rome la somme de 680.483 dollars; en 1927, ils lui remettaient 1.126.807 dollars, soit 20.629.181 lires. La contribution de la France, la deuxième après les États-Unis, était de 4.350.779 lires, cette année-là.

La question de la Propagation de la Foi ne fut pas la seule abordée en 1921. A cette réunion plénière des évêques, quelques-uns élevèrent des critiques contre l'organisation centrale du N. C. W. C. Ils se plaignirent surtout de voir leur autorité compromise par les directives de cette organisation.

LE CATHOLICISME AUX ÉTATS-UNIS. — 3.

Leurs plaintes motivées allèrent jusqu'à Rome. La Congrégation consistoriale, avec l'approbation de S. S. Pie XI récemment élu et encore peu au courant, crut devoir la dissoudre au début de l'année 1922. Mais elle devait son origine à la grande majorité des évêques. Ceux-ci se hâtèrent de déléguer trois' d'entre eux, pour expliquer au pape le dommage moral et matériel fait à l'Église américaine par cette suppression. Après examen, le pape consentit à retirer le décret de la Congrégation consistoriale. Il demanda seulement à l'œuvre de ne plus s'appeler *Council* mais *Conference*. La juridiction épiscopale dans chaque diocèse devait aussi être scrupuleusement respectée.

L'œuvre a si bien su s'imposer par ses services, que Pie XI, pour enlever les petites oppositions qui subsistaient encore dans certaines sphères élevées, écrivit aux cardinaux archevêques et évêques réunis à Washington, en septembre 1927, une longue lettre où, approuvant solennellement le N. C. W. C., il disait : « Une fois de plus, nous vous félicitons d'avoir amené à bonne fin des entreprises du plus grand intérêt pour notre sainte religion. Il ressort de là avec évidence, combien opportune et avantageuse fut l'organisation du N. C. W. C. Elle ne vous est pas seulement utile, mais nécessaire. Vous vous trouvez dans des villes éloignées les unes des autres et certaines matières très importantes exigent des délibérations communes, telles celles ayant rapport à la famille chrétienne, à l'éducation de la jeunesse, à la moralité publique et privée, au soin des nombreux immigrants et d'autres problèmes du même genre. Il est absolument indispensable qu'en délibérant ensemble, vous vous trouviez d'accord sur un but commun, et que votre volonté unie tende à sa réalisation en employant, comme vous faites, les moyens adéquats et adaptés aux conditions actuelles...

« En unissant encore plus intimement les forces à votre disposition, vous donnez à la vie chrétienne de votre pays, une vigueur renouvelée dans l'esprit de justice et de charité. Ainsi régnera parmi vous le Seigneur Jésus, Prince de la Paix; il s'imposera et vous abonderez en bénédictions de tout ordre. »

Le 14 octobre 1927, au nom du pape qui avait investi de ses pouvoirs la Sacrée Congrégation des Séminaires et Universités, le Délégué apostolique, Mgr Pietro Fumasoni-Biondi, conférait au R. P. Burke, pauliste, secrétaire et âme du N. C. W. C., le titre de Docteur en Théologie, *honoris causa*, distinction accordée rarement aux services extraordinaires rendus à l'Église, et après examen des ouvrages de l'élu. Ce doctorat, autant qu'un honneur, était une indication.

A l'occasion de la réunion des évêques au début de novembre 1929, après les avoir félicités, le cardinal Perosi, Préfet de la Consistoriale, exprimait à nouveau le souhait que « les activités de N. C. W. C. se manifestent de plus en plus pour le grand bien de l'Église et de ses fidèles. »

L'Association catholique de la Presse avait demandé que le service des nouvelles ne fût plus sous le contrôle exclusif du N. C. W. C. Les évêques n'agréèrent pas la suggestion et laissèrent les choses en leur état. Par ailleurs, ils décidèrent la fondation d'un nouveau bureau pour établir un contact avec l'Amérique latine, la nomination d'une commission qui s'occuperait du difficile problème des mariages mixtes, la collaboration des catholiques dans le Comité national de l'hygiène enfantine créé par le Président Hoover, l'emploi d'une station nationale radiographique au service de la propagande catholique, enfin le don au pape, à l'occasion de son Jubilé sacerdotal, de 50.000 dollars à employer pour l'aménagement d'une salle dans la bibliothèque du Vatican, ou pour des bourses en faveur de prêtres missionnaires.

# CHAPITRE V

## La vie paroissiale.

Sommaire : *Missions extérieures et intérieures. — Paroisses de religieux et de séculiers. — Les meilleurs fidèles du monde. — Zèle pour leur Église et leurs prêtres. — Le Sacramentalisme.*

Les évêques n'auraient pas pu donner une organisation centrale aux œuvres, si elles n'avaient été déjà commencées par les prêtres autour de leur clocher.

Je l'ai dit, les États-Unis ne sont plus un pays de mission. Le catholicisme y vit avec sa hiérarchie de 104 évêques et de 25.683 prêtres, non seulement indépendant. mais plein de sollicitude spirituelle et matérielle pour les autres pays. Il envoie déjà ses propres missionnaires aux Indes et en Chine. Les anciens Ordres établis en Amérique ont chacun leur champ d'action. Des Ordres spéciaux, avec maisons [1] pour les missions au dehors, ont été fondées récemment. Entendons-nous, cependant. Bien que les

1. L'une des plus connues est le séminaire de Maryknoll dans l'État de New-York. Organisée sur le modèle de la Société des *Missions Étrangères* de Paris, la Société américaine fut

États-Unis ne soient plus pays de mission, ils ont encore des diocèses et des paroisses organisés en mission. Il y en a surtout dans le Centre et l'Ouest. Mais même là, les missionnaires et leurs œuvres sont soumis à des Ordinaires américains sur qui la Propagande n'a pas de juridiction. Ils sont sur le même pied que leurs collègues d'Italie, de France ou d'Espagne, sous le contrôle du Délégué Apostolique qui établit la liaison entre Rome et la hiérarchie.

L'œuvre qui s'occupe spécialement des missions extérieures est la *Church Extension*. Elle fut fondée en 1895 à Chicago par le Rév. P. Kelly aujourd'hui évêque d'Oklohama. Son but est d'aider à la construction des Églises, de fournir leur mobilier, de soutenir moralement et matériellement les prêtres dans les endroits éloignés et sans ressources. Elle publia dès l'origine un organe, *Extension*. En 1907, elle disposait d'un wagon-chapelle qui suivait le rail dans les villages abandonnés des plaines et des montagnes. D'autres wagons-chapelles furent plus tard achetés avec des automobiles à autels portatifs.

Elle édite une revue illustrée. Son apostolat missionnaire s'est surtout signalé dans le Sud-Ouest des États-Unis, sur la frontière mexicaine, dans l'Alaska, à Porto-Rico, dans les Philippines où elle a contrebalancé le prosélytisme protestant. Depuis son origine, elle a bâti 3.000 chapelles et

fondée en 1910 par deux prêtres qui se rencontrèrent au Congrès eucharistique de Montréal. — *Un Comité catholique médical pour les missions* fonctionne aux États-Unis depuis 1921.

fourni des prêtres à 700.000 fidèles. La première année de son existence, elle recevait 1.934 dollars. En 1927, elle en recueillait 1.427.000. Elle en a distribué en 22 ans 9.749.823.

Mais dans la plus grande partie des États-Unis, les diocèses fonctionnent comme en Europe, conformément aux prescriptions catholiques.

La rivalité du clergé séculier et régulier ne peut y être vive. Celui-ci a ses paroisses. Il n'est pas exposé à fouler les plates-bandes des autres. Le bon ordre, la paix et le bien général n'y perdent rien. Chacun s'efforce de faire mieux que le voisin régulier ou séculier. Cette émulation produit d'excellents résultats. Sans doute, parfois le religieux, en raison de son prestige, de sa plus grande facilité à servir les besoins divers, de son ingéniosité même si l'on veut, attire davantage les croyants chez lui, mais l'unité des paroisses n'en est pas disloquée.

Leur vie est intense.

Il n'y a pas sans doute au monde, sauf en Irlande, de fidèles plus dévoués que les fidèles américains[1]. Très attachés au catholicisme, ils aiment d'un amour

---

1. Le P. Garesché, S. J., m'écrivait à ce propos, le 21 mai 1928 : « L'une des caractéristiques de l'organisation paroissiale américaine, est l'étroit contact entre le pasteur et ses fidèles, à l'encontre de ce qui existe en quelques pays européens. Une autre caractéristique est le grand nombre d'hommes qui prennent part aux œuvres des paroisses, qui appartiennent à leurs organisations et fréquentent souvent les sacrements. » Le P. Garesché a écrit beaucoup de livres pieux pour les simples fidèles.

de prédilection leur église particulière qui en est
la cellule.

A New-York, j'ai entendu répéter et j'ai pu
constater que les seuls édifices du culte fréquentés
appartenaient aux catholiques. Ceux des autres
confessions, sauf dans les États du Centre, sont le
plus souvent vides.

J'ai exercé le ministère de la prédication à Paris,
en France et à l'étranger. Le plus consolant pour
moi a été celui que j'ai rempli aux États-Unis.
Tout catholique là-bas vit vraiment en chrétien.
En France, au moins en quelques régions, le
catholique riche ou noble, le dirigeant, identifie
souvent une politique à sa croyance. Il va à
l'Église, parce qu'il est d'un parti, d'une caste.
Il critique donc facilement ses prêtres, quand ils
ne veulent pas subir ses caprices. Il s'ingénie à les
asservir à ses desseins et à ses préjugés, il les
accapare, les nourrit parfois pour les enchaîner et
les séparer du peuple. Aussi certaines questions
de morale courante, les devoirs des maîtres et des
riches, l'usage de l'argent, les obligations du vendeur
ou de l'acheteur, l'obéissance aux autorités civiles,
le respect des droits des humbles, ne peuvent être
abordées, même sous la forme la plus modérée, sans
provoquer leur mécontentement ou leur mélan-
colie. Il semble à certains que le prédicateur ne
puisse traiter que des sujets vagues et transcen-
dants, ou ne viser que la correction des envies et
des mauvais instincts populaires. Il doit se tenir
aussi loin de ses auditeurs que l'est sa chaire. On
ne trouve pas chez ceux qui fréquentent les églises

catholiques aux États-Unis, ces dispositions d'âme. Le prédicateur peut avec sagesse et apostoliquement, parler au riche ou au pauvre, au maître et au serviteur, au banquier et à son employé, à l'acheteur et au vendeur, à la grande dame et à sa servante, et on l'écoute sans mauvaise humeur.

Le fidèle catholique américain fréquente la maison de Dieu, non parce qu'il est d'un parti, mais parce qu'il croit. A l'église, son attitude respire la piété et le respect.

Il ne manque jamais la messe et il fait plus que ses Pâques. Il est le catholique le plus pratiquant du monde.

Habitué depuis longtemps à faire vivre son prêtre, à maintenir les multiples œuvres de sa paroisse, tous les dimanches quand les *ushers* passent de rang en rang avec leurs bourses fixées à une longue baguette, il donne généreusement. Là-bas, comme ailleurs les plus généreux ne sont pas les plus riches.

Plusieurs raisons expliquent cette fidélité, ce dévouement du catholique américain à sa religion. En face des protestants qui l'observent et qui veulent rivaliser avec lui, il entend ne pas se laisser dépasser. Il est fier de constater que, tandis que toutes les sectes chrétiennes se dissolvent à côté de lui et que leurs temples sont vides, son Église montre chez ses fidèles une foi vivante et agissante. Il veut lui garder son haut *standard* social et moral. Il n'est pas troublé par des préoccupations politiques comme ses coreligionnaires de plusieurs pays européens, exploitant la croyance au profit de leur parti, et allant parfois à l'église poussés inconsciemment par cet unique motif. Lui y entre démocrate ou républicain, patron ou ouvrier, avec l'intention seule de rendre à Dieu, au Christ et à l'Église, ses devoirs, pour faire un acte religieux. Enfin, ses prêtres, oubliant les passions qui divisaient les fidèles et eux-mêmes dans la vieille Europe, sous la conduite de prélats sages, prévoyants et apostoliques, se sont jusqu'ici cantonnés dans leurs fonctions sacerdotales et n'ont pas mêlé la politique, même aux affaires de leur culte. Sur un point cependant, quelques membres du clergé américain seraient peut-être critiquables. Certains fidèles leur reprochent de porter parfois en chaire leurs passions raciales. En particulier, des arrivés de fraîche date, s'acharneraient ou à irlandiser, ou à italianiser ou à poloniser, ou même à franciser leurs ouailles. J'ai connu à New-York et ailleurs des catholiques anglo-saxons de vieille souche, venus en Amérique avec leurs premiers colons, répugnant à aller dans telle ou telle église. Leurs prêtres, disaient-ils, s'engagent trop dans les luttes de leurs lointaines patries.

Cette réserve n'enlève rien au mérite de ce clergé dans son ensemble. Il a puissamment contribué, grâce surtout à l'influence des Sulpiciens français, à former un splendide faisceau de croyants de parole et d'action.

Avec l'argent qu'il reçoit de ses fidèles, le prêtre américain peut non seulement vivre très à l'aise, mais entretenir son presbytère, bâtir des écoles, des salles pour ses œuvres et parfois des hôpitaux.

Pendant tout le xix<sup>e</sup> siècle et jusqu'en ces dernières années, alors que villes et villages sortaient partout de terre en quelques semaines, vrais champignons, *mushrooms towns*, on construisit à la hâte une chapelle en bois, très commode et très simple pour les besoins des croyants. L'heure est venue de la stabilité et des édifices solides. L'argent abonde. Les églises en fortes pierres, aux vastes proportions, pleines de lumière, surgissent de tout côté. Le bon goût ne préside pas toujours à leur construction.

En juin 1925, un de mes amis, é piscopalien, artiste américain de renom, en descendant du train qui l'amenait du Havre à Paris, me disait : « Que font donc vos artistes et vos maisons d'art ? Les uns et les autres manquent l'opportunité extraordinaire qui se présente pour réaliser de bonnes affaires aux États-Unist et une propagande en faveur de leur pays, dont personne ne serait jaloux. On les appelle, on les désire et on ne les voit nulle part. Beaucoup de vos coreligionnaires catholiques seraient enchantés de profiter de leurs services. Ils ont de l'argent et en abondance. Du Nord au Sud ils sont pris de la passion de bâtir. A leur tour, ils ont la maladie de la pierre ou plutôt du béton armé. Écoles, églises, cathédrales, universités, surgissent dans les villes géantes, les humbles hameaux et les campagnes solitaires. Et si vous voyiez le mauvais goût qui s'étale, effronté provocant en ces constructions ! Aucune proportion. Ici un dôme immense surplombe une nef courte et étroite ; là on appuie un large plafond concave sur quatre ouvertures irrégulières enfoncées, et l'on prétend reproduire la basilique du Rosaire de Lourdes. Ailleurs, vous avez un plafond d'église romane et un sanctuaire et une nef gothique. Profusion de statues mal coloriées et aux attitudes grotesques; vitraux rutilants souvent soignés dans le détail, mais d'où se détachent des figures froides, rectilignes et figées qui décèlent la manière de Munich. Les architectes, les artistes et les maisons de statues et vitraux allemands ont monopolisé l'ornementation et la construction des temples catholiques aux États-Unis, à cette heure. »

Ainsi me parla mon ami américain. Je me suis rendu compte sur place, qu'il était plutôt en deçà de la vérité. Tant de mauvais goût endolorit le sens esthétique. Rien ne restera dans les reliquaires de l'art, de ces œuvres hâtives et sans harmonie, à quelques exceptions près.

*<br>* *

Après l'église, la principale préoccupation du prêtre est l'école paroissiale, dont les autorités diocésaines fixent le programme et que dirigent des Frères et des Sœurs. Les dépenses sont considérables, mais la charité des paroissiens ne se lasse pas. Aux États-Unis, les édifices du culte et les écoles confessionnelles ne paient pas d'impôts.

Fidèles dévoués à leurs prêtres et prêtres dévoués à leurs fidèles. Au service de leurs infirmes et de leurs enfants, ils donnent aux *sick calls* (visites des malades) et aux catéchismes des soins inlassables.

Les écoles publiques acceptent des arrangements permettant à leurs élèves d'avoir leurs heures d'instruction religieuse.

Les cérémonies du culte n'ont pas d'ordinaire la gravité, la pompe et le fini des nôtres en Europe; l'Américain aime à faire court et bon. Un prêtre américain, le P. Ross, a édité un livre de *Sermons de cinq minutes* d'ailleurs remarquables, et qui mériteraient d'être traduits en français. Il n'y a guère de vêpres. Dans les villes, on les remplace par une bénédiction le soir.

Les prônes sont en général très pratiques. J'ai ouï dire qu'ils l'étaient trop parfois. Les questions d'argent à percevoir des fidèles et à dépenser, y auraient une place démesurée. Mais cela arrive ailleurs qu'aux États-Unis.

Des Français m'ont assuré avoir été le dimanche obligés de payer *cinq cents*, à la porte de certaines églises pour entendre la messe. Rares abus, que des circonstances peuvent expliquer. La pratique des sacrements étant en grand honneur, on l'a, en quelques paroisses, un peu caporalisée. Quand le maréchal Foch alla aux États-Unis, je ne sais quelle Église lui demanda de se mettre à la tête de 15.000 communiants. Le maréchal naturellement se déroba.

Cette militarisation de la religion due, je pense, à l'influence irlandaise et allemande, a amené des prêtres d'esprit élevé et surnaturel, à se plaindre de ce qu'ils appellent le « sacramentalisme ». Voici ce que disait à ce propos, dans une conférence donnée devant la *Catholic education association*, en 1924, et imprimée depuis, un éminent prélat, Mgr Mac-Mahon, curé de l'Église de Notre-Dame de Lourdes à New-York. Le morceau mérite d'être cité en grande partie. Un Américain a droit de dire ce qu'un étranger ne dirait pas sans impertinence. Mgr Mac-Mahon rattache d'ailleurs au « Sacramentalisme», d'autres aspects de la vie du catholicisme en son pays, intéressants à connaître.

« On doit avouer que nous réunissons (aux États-Unis) le plus fort contingent qui existe aujourd'hui dans l'Église tout entière de ceux que j'appellerai, faute d'un terme meilleur, les «catholiques à sacrements ». Mais si vous recherchez ce que, faute encore d'un autre mot, j'appellerai « l'arrière-plan traditionnel » du catholicisme, n'importe quelle Église notre aînée dans le monde peut prétendre nous être supérieure... Qu'est cet arrière plan traditionnel ? Avant tout, la claire conception de l'Église organisation hiérarchisée, avec une constitution divine et une histoire aussi intimement mêlée au développement de la civilisation et de l'humanité que l'histoire du peuple de Dieu sous l'Ancienne Loi. Un jour, Hilaire Belloc, penseur remarquable mais singulier, comparait devant moi son pays et l'Europe continentale au point de vue religieux. Il observa que sur le continent on ne saurait parler, écrire ou entrer dans un monument quelconque, sans s'apercevoir de l'existence d'une Église qui façonna et guida les destinées de l'Europe pendant des siècles et marqua chaque époque du fait tangible de son existence, quelle que soit l'opinion qu'on ait sur elle. « Les Anglais, dit-il, « n'ont pas cette conception de l'Église, comme fait

« se prolongeant dans ses résultats, même à l'heure
« présente. »

« Mais, en ce qui concerne notre pays à nous,
Américains, il aurait pu ajouter que l'Anglais a
au moins la conception d'une Église établie. Ici,
les catholiques, par suite d'infiltrations venant des
corps religieux qui les avoisinent, et aussi par suite
de la décadence évidente de la foi au surnaturel
autour d'eux, ont une idée de l'Église matérialisée
ou estompée dans le vague. Je crois que l'idée de
l'Église, corps mystique du Christ, ainsi que la
sublime théologie paulinienne sur les conséquences
qu'implique le fait d'être membre de ce corps, ont
été obscurcies. On a trop insisté sur l'Église institution à soutenir, et comme l'État, réclamant de
nous taxes et prestations personnelles. Pour moi,
la raison de ceci est la préoccupation de la prospérité matérielle de l'Église. Elle absorbe les prêtres
et les rend étrangers au sublime mysticisme des
idées pauliniennes sur l'Église du Christ. Certaines
querelles fort peu édifiantes au sujet des droits
paroissiaux sont dues, si je les comprends bien,
non au zèle pour les «pierres vivantes», mais à la
considération de l'appui financier qu'apporte chacune de ces pierres vivantes...

« A mon avis, les nombreuses et lamentables
déficiences dues à l'ignorance plutôt qu'à la malice
constatées dans notre vie de catholiques, surtout
dans le vaste domaine de l'éducation et du mariage,
s'expliquent par l'absence de cette haute et nécessaire idée du surnaturel et de son incarnation dans
l'Église. Cette insuffisance s'accompagne d'un

affaiblissement de l'idée du péché. Elle entraîne une estime des vertus purement naturelles au détriment de la recherche de la sainteté surnaturelle...

« Pour indiquer les causes d'un état général que j'ai voulu décrire brièvement, mais qui mériterait une étude plus approfondie qui en fît comprendre toute l'importance, je signalerai d'abord un manque par trop visible de culture intellectuelle d'ordre général.

« Nos collèges catholiques n'ont pas échappé à la tendance presque universelle de l'éducation en Amérique à courir vers l'utile, vers le pratique. On a donc laissé de côté cet enseignement sérieux des humanités qui, dès l'origine, fut un des caractères de l'éducation catholique. Je ne veux pas raconter les longues et âpres controverses qui ont marqué l'effort persistant de l'Église pour maintenir les classiques comme une partie de la culture humaine. Mais je crois avoir le droit de dire que cette admiration des esprits cultivés pour la beauté d'expression et la force de pensée, qu'on trouve seulement dans ces admirables productions du génie humain, cette admiration est rare chez ceux qui sortent aujourd'hui de nos séminaires...

« Pour la culture et la littérature strictement ecclésiastiques, une partie considérable de notre clergé mériterait une imputation analogue que justifierait l'ignorance de ces courants de la pensée théologique et philosophique qui ont, sur la vie religieuse de l'Église, dans les autres pays, une action extrêmement stimulante. Je ne dirai pas quelle raison obvie, mais peu flatteuse pour nous, fut donnée jadis pour expliquer pourquoi le modernisme sévissait très peu, ou point du tout, parmi les prêtres de ce pays-ci. Mais j'insiste sur la rareté des périodiques catholiques de vraie valeur; sur la disparition des revues comme la *Quaterly* de Brownson et de l'*American catholic Quaterly*. Notre *Revue ecclesiastique américaine* a eu de brillants succès, mais ses fluctations ont montré que ces succès reposaient sur un seul homme. C'est une base fragile...

« Il y a quelques années, le directeur d'une grande revue catholique vint de l'étranger visiter notre pays. Il retourna chez lui navré par le peu d'intérêt que notre clergé lui avait montré pour la vie intellectuelle de l'Église chez les autres nations. Il écrivit un rapport aigre, où il déclarait que tout ce que nos prêtres goûtaient dans la littérature périodique, c'était la partie humoristique et sportive et les journaux de Hearst. Je vous laisse le soin de dire s'il avait raison.

« Je pourrais insister sur le manque d'études approfondies chez notre clergé. Nous avons produit très peu de livres remarquables. De grâce, évitons cette vieille excuse : c'est le temps qui manque. Je connais un prêtre anglais extrêmement occupé, et qui cependant a écrit deux ouvrages considérables et quelques autres de moindre importance.

« Que devient la masse des étudiants de réelle valeur une fois sortie de nos institutions catholiques ?

« On admettra aussi, je pense, que des indices

nombreux relevés de tous côtés, manifestent la décadence du sens liturgique. Diverses raisons peuvent l'expliquer, mais en réalité la principale est cette absence de culture générale ou professionnelle dont j'ai parlé. L'amour de la liturgie est, indépendamment de l'illumination de l'Esprit-Saint, un fruit de l'éducation et du goût artistique et littéraire. L'amour de la liturgie existe et on le cultive avec intensité, chez des gens qui n'appartiennent pas à notre Foi. Mais là où le sens de la spiritualité n'a pas été développé, où nul frémissement ne vient répondre à la poésie cristallisée dans les rites et dans les cérémonies, là où n'est pas connu le trésor de cette tradition incarnée dans un rituel inutile en apparence et cependant jalousement sauvegardé, où la liturgie est seulement le squelette desséché d'instructions pour l'exécution de mouvements compliqués et la froide règle gouvernant des observations rituelles, rien d'étonnant si son étude et sa pratique tombent en désuétude...

« ... Je ne dirai rien de la prédication de notre clergé. Elle ne saurait échapper à la rude censure portée sur la prédication catholique en général, par le pape Benoît XV, mais dont notre insuffisance s'attribue principalement au manque de culture générale...

« Enfin, je suis convaincu qu'il y a une tendance très nette à supprimer, au confessionnal, l'œuvre de la direction spirituelle, je pourrais dire de l'éducation spirituelle... »

Peut-être Mgr Mac-Mahon est-il un peu pessimiste. Mais ce n'est pas en se flattant qu'on corrige même ses petits défauts.

Nous allons d'ailleurs voir à l'œuvre une congrégation d'origine et de caractère strictement américains, qui, en renouvelant l'apostolat, n'a pas oublié le devoir de la vie intérieure et surnaturelle.

# CHAPITRE VI

## Une congrégation américaine : les paulistes.



Les RR. PP. Hecker, Walworth, Hewit, Deshon et Backer, tous Américains et convertis au catholicisme, se séparèrent, avec l'approbation de Rome, des rédemptoristes allemands en résidence aux États-Unis, parce qu'on leur refusa de fonder une maison, où l'on eût parlé anglais, où l'on eût attiré des novices américains et où l'on se fût consacré, avant tout, à la conversion des protestants.

Ce fait initial, d'où est née la Congrégation des Paulistes bien compris, les situe et les explique. Ils furent et ils sont restés un effort d'adaptation d'une œuvre religieuse catholique aux conditions spéciales, et relativement nouvelles de la vie aux États-Unis. Délié de l'obédience aux supérieurs rédemptoristes par le Saint-Siège, le R. P. Hecker écrivait de

Rome, au mois de décembre 1857, à ses compagnons : « Notre nouvelle société incorporera à sa vie tout ce qu'il y a de bon chez le peuple américain, dans l'ordre naturel, et elle s'adaptera aux grandes aspirations de ce peuple dans l'ordre spirituel. » Un peu plus tard, ses idées se préciseront encore [1]. Après que l'archevêque de New-York, Mgr Hughes, a approuvé son plan de règle (7 juil-

---

1. En 1929, au cours d'une série d'articles dans plusieurs journaux catholiques, sur l'*Histoire du catholicisme américain au XIXᵉ siècle*, le Dr Guilday, profeseur d'histoire à l'université catholique de Washington, disait :

« Le P. Hecker arriva en mai 1858 à New-York et peu après il y fonda « l'Ordre des Prêtres de Saint-Paul apôtre », plus connus sous le nom de paulistes. L'Ordre se proposait la sanctification personnelle de ses membres. Mais l'événement historique fut que Hecker conçut la perfection morale comme influencée, par nos caractéristiques nationales et par le type de civilisation qui règne aux États-Unis.

« Il est bon d'insister sur ce point. A cette époque, l'un des principaux griefs contre l'Église romaine consistait à la représenter comme une religion étrangère, dirigée par des étrangers; on affirmait injustement que ses adhérents, sauf de bien rares exceptions, avaient montré fort peu d'empressement à s'assimiler la vie et les coutumes nationales.

« Dans le *Journal* du P. Hecker, nous voyons toute la portée des plans nouveaux élaborés par lui, non seulement pour mettre les doctrines de l'Église dans l'esprit et dans le cœur de ses concitoyens, mais aussi pour infuser la pensée et la doctrine catholique dans la vie américaine, dans le progrès américain. Il acceptait formellement « la civilisation de ce pays avec tous ses usages et toutes ses coutumes » parce qu'il était persuadé que c'était là le seul moyen d'obtenir que le catholicisme devînt la religion de notre patrie. Il estimait que la mentalité et le caractère de notre nation doivent se trouver à l'aise dans l'Église aussi bien

let 1858), «n'y trouvant à retrancher ni à ajouter un seul mot, ni rien à modifier », il expose nettement ses idées sur la mission de la nouvelle société.

Pour obtenir ces résultats, le pauliste se convaincra que « le travail apostolique, le travail paroissial,

que la mentalité et le caractère des autres nations, et seulement en s'appuyant sur cette base, l'Église pourra faire des progrès chez nous.

« En vérité, Hecker, par quelques lignes qu'il a écrites, a contribué plus que tous ses contemporains à la solution de la question catholique aux États-Unis. Il décrivit ainsi la situation à son époque : « La forme gouvernementale aux États-Unis est plus qu'une autre préférable pour les catholiques. Elle est plus favorable qu'une autre à la pratique de ces vertus qui sont la condition nécessaire du développement religieux de l'homme. Ce gouvernement laisse à celui-ci plus qu'aucun autre gouvernement, une plus forte mesure de liberté d'action, et par conséquent plus de facilité pour coopérer avec les inspirations de l'Esprit-Saint. Avec nos institutions populaires, les hommes jouissent d'une plus grande liberté pour élaborer leur véritable destinée. L'Église sera donc chez nous d'autant plus florissante, que ses représentants se montreront plus pénétrés d'esprit républicain. »

« Cette thèse a été développée par lui dans deux articles de la *Civilta cattolica*, et ensuite dans son livre *l'Église et notre époque*. La thèse de ces écrits peut être résumée en ces phrases de leur auteur :

« Depuis trois siècles que le protestantisme existe, aucun gouvernement républicain n'a été fondé grâce à son influence... Si des protestants ont combattu pour la liberté humaine, ce ne fut pas en qualité de protestants. Les motifs qui les poussaient en ce cas ne venaient pas de leur foi religieuse, qui fut une ennemie des droits humains et le tombeau de la liberté. Le calvinisme exclut le républicanisme. La relation étroite entre le gouvernement populaire et la foi catholique est prouvée par ce fait, que toutes les républiques

est et doit être fait, en le subordonnant à la perfection personnelle. Ces œuvres elles-mêmes sont réalisées en vue de la perfection personnelle. Il devra, en second lieu, avoir le zèle des âmes, le désir de coopérer à la conversion du pays, à la foi catholique, par l'apostolat. Ce travail paroissial est un élément intégral de la besogne du pauliste, mais non la principale ni la première. Il doit être accompli comme réalisation partielle du but primordial qui reste la conversion des non-catholiques du pays[1]. »

nées depuis l'ère chrétienne, sont nées sous l'influence de l'Église... Seule la doctrine du catholicisme donne au droit populaire et aux gouvernements qui l'ont pour base, un principe intellectuel... Ce qu'un catholique croit comme membre de son Église, il le croit aussi comme citoyen de **la** République. Sa religion consacre ses convictions politiques. »

« C'était là une réponse tout à fait inattendue faite à ceux qui avaient déclaré la guerre au catholicisme, dans la période qui précéda immédiatement la guerre civile. Ces gens-là n'étaient pas précisément ravis lorsque Hecker disait à sa génération que la parenté entre l'Église romaine et notre idéal national, est si étroite « qu'aucune attaque ne peut être faite contre l'une qui ne soit aussi une attaque contre la République. » Le P. Hecker soutenait qu'un esprit clairvoyant ne peut manquer de reconnaître « que la République et l'Église travaillent ensemble sous la même direction divine, faisant un peuple homogène avec des races d'hommes diverses, et que leur action unie donnerait un développement de l'humanité surpassant tout ce qui fut accompli jusqu'à présent. »

« Pour inculquer cette leçon aux Américains, les paulistes commencèrent leur grande œuvre qu'ils poursuivront en particulier au moyen de l'apostolat par la presse. »

1. Cité par l'*American ecclesiastical Review*, sept. 1897.

En laissant de côté, de dessein formé, les points de vue nouveaux apportés par la Congrégation de Saint-Paul dans l'œuvre de la perfection personnelle de ses membres, en évitant de toucher à la question de l' « américanisme » que nous tenons pour définitivement tranchée, et en reconnaissant aussi très volontiers le mérite, le savoir-faire et les succès d'autres associations et congrégations religieuses, il est intéressant de montrer comment les paulistes, pour leur compte, ont réalisé dans l'action extérieure cette adaptation aux besoins et aux aspirations américaines que leurs fondateurs eurent en vue. Il faut connaître cet effort, car un effort analogue devra être tenté tôt ou tard en Europe, pour rétablir le contact de la religion avec les esprits cultivés et les masses populaires. Qui voudrait affirmer aujourd'hui que ce contact existe? L'exemple de ce qu'ont pu réaliser les paulistes suggérera peut-être, à ceux qui voient qu'il faut mettre le vin nouveau dans des outres nouvelles, le moyen de récolter ce vin et de trouver ces outres.

Cependant, ne l'oublions pas, ils se sont trouvés devant des contingences et des situations bien différentes des nôtres. Ils ont eu affaire à un homme jeune, plein de vie, de bonne volonté et souvent d'idéalisme; par contre, l'apôtre européen a et aura, de plus en plus, affaire à un homme mûr, blasé, sceptique, terre à terre sinon matérialiste.

*<br>* *

« Les missions des premiers paulistes, où le P. Hecker se donna avec tout son cœur, ont sonné le réveil de ce pays. Aujourd'hui, après trente ou trente-cinq ans, on se les rappelle comme un événement, partout où elles furent prêchées. » Ainsi s'exprimait Mgr Ireland, archevêque de Saint-Paul, dans son introduction à la *Vie du P. Hecker*, écrite par le P. Elliot.

Ce fut l'une de ces missions, prêchées à la Nouvelle-Orléans par les Pères Rédemptoristes qui devaient quitter la congrégation pour fonder les paulistes, qui décida le jeune Gibbons, alors employé d'épicerie, à entrer au séminaire en l'année 1854 [1]. Elles ne se sont pas ralenties depuis lors et ont ramené à la foi, à la pratique religieuse, aux bonnes mœurs, des milliers de protestants ou de catholiques tièdes et négligents. La méthode suivie est substantiellement celle des rédemptoristes. « Elle ne s'en distingue, dit le P. Elliot, que par des appels plus fréquents aux qualités et aux vertus particulières que Dieu attend de notre époque. On y parle autant de l'énergie et de l'intelligence que des vertus proprement surnaturelles. En même temps que, par leur zèle édifiant et leur discipline religieuse, les meilleurs observateurs se sentent attirés par leur particulière liberté d'esprit, par leur application constante, à mettre sous le contrôle de la raison, les émotions que leur parole peut susciter. Hommes d'une grande indépendance native comme leurs fondateurs, leur influence religieuse tend à développer cette qualité chez les autres. Ils appor-

---

1. Voir *Vie du cardinal Gibbons*, par Allen Sinclair Will. ch. i. Edit. Téqui, 1925.

tent un soin extrême aux instructions doctrinales.
Quant aux dévotions spéciales, ils n'en recomman-
dent aucune et se contentent d'aider les pasteurs
dans le choix de ces moyens secondaires de sanctification [1]. »

Contrairement à ce qui a lieu dans la plupart des
congrégations, le missionnaire ne sépare pas sa
vie au dehors de son activité paroissiale. « Il fait,
dit encore le P. Elliot, un excellent prêtre de
paroisse. Habitué à un travail pénible et à fort
peu de distractions, il met toute son énergie au
service de ses fidèles. Il déploie un zèle infatigable
pour rendre ses prédications efficaces, il visite des
malades, court à la recherche des pécheurs obstinés
et entend les confessions. D'autre part, la régularité
des devoirs professionnels et la connaissance approfondie de l'état des choses dans une paroisse, développent son expérience et le rendent plus apte à ces
initiatives personnelles, lorsqu'il reprend ce que
Pie IX appelait « ses expéditions apostoliques [2] ».

C'est surtout depuis 1893 que les paulistes
ont organisé des missions pour les non-catholiques.
« Je veux aider les catholiques avec ma main gauche, mais les protestants avec ma droite », avait dit
le P. Hecker. Huit missions furent prêchées cette
année-là dans l'État de Michigan, la plupart en des
salles publiques. Elles servirent puissamment à
diminuer les préjugés contre le catholicisme et mul-
tiplièrent les conversions. On y distribuait gratuite-

1. Elliot, *Vie du P. Hecker*, p. 323.
2. Elliot. *Vie du P. Hecker*, p. 323.

ment des livres et des feuilles volantes. Ces succès suggérèrent aux Paulistes de choisir avec le consentement de l'Évêque, dans le clergé séculier, des prêtres qui, dans les diocèses, continueraient, eux partis, l'œuvre des missions aux non-catholiques. Un premier groupe de trois missionnaires diocésains appliqués à cette tâche très spéciale, fut fondée en 1894 à Cleveland. L'année d'après, une autre croisade était ouverte à Pittsburg par les paulistes. Si consolants furent les résultats en ce camp retranché du sectarisme protestant, que l'évêque voulut lui aussi que deux de ses prêtres poursuivissent l'œuvre commencée. Un bref du pape l'encouragea chaudement. A cette heure, des missionnaires séculiers, exclusivement consacrés à la conversion des protestants, existent dans plus de cinquante diocèses américains. Il y en a même en Australie et en Angleterre.

Pour centraliser et organiser son action, une association a été créée, *The catholic missionary Union*, dont les directeurs sont sous le contrôle de la hiérarchie. Elle a ouvert à Washington une maison où les nouveaux missionnaires se forment sous la surveillance exclusive des paulistes [1].

Faisant appel au clergé séculier qui est plus nombreux, plus répandu, plus stable dans sa résidence, plus connu des non-catholiques, les paulistes recherchent aussi l'aide des laïques. Ceux-ci, parents, amis,

---

1. Elle aide pécuniairement les missionnaires. 500 dollars suffisent à l'entretien d'un prêtre. 100 dollars lui fournissent ce dont il a besoin. 25 dollars paient la dépense d'une semaine de mission, 10 dollars servent à louer une salle.

voisins de la foule protestante, en les aidant de leur argent, en distribuant des livres, en annonçant les missions parmi leurs connaissances et par d'autres moyens, aident efficacement l'action des missionnaires. Ils utilisent même quelques laïques comme conférenciers. En prenant les précautions indispensables, ceux d'entre eux qui ont du talent et des lumières servent la religion avec le plus grand succès.

Le *Catholic missionary Union* a enfin un organe. C'est un périodique mensuel, illustré, *The Missionary*, fondé en mars 1896. Son objet est d'exciter le zèle pour la conversion et de ramasser l'argent nécessaire à cette œuvre. Il coûte 1 dollar par an. Son succès a été merveilleux. Il a éveillé l'enthousiasme pour la conversion de l'Amérique, et procuré les fonds suffisants à l'entretien de six missionnaires, dans les parties du pays à l'Ouest et au Sud, où les catholiques sont trop peu et trop pauvres pour supporter les charges d'une mission parmi leurs voisins[1].

Les paulistes ont marché à l'avant-garde dans la lutte contre l'intempérance.

Leur propagande s'est exercée par des sermons, des tracts, des lettres aux journaux, par des articles dans leurs propres organes, des pétitions au Parlement, par l'intervention aux élections, par l'action sur les vendeurs de rhum qu'ils ont détournés de leur commerce, par les avis donnés au confessionnal, par la formation de Sociétés d'abstinence totale, et la fondation du Bureau de Publicité avec un organe périodique : *Temperance*

---

1. Cf. *The ecclesiastical Review*, 1897.

*Truth*. Leur lutte ininterrompue, gigantesque, efficace et ardente contre l'une des plus tentantes occasions de péché en notre pays, éveilla l'estime pour la vertu cardinale de tempérance, édifia nos compatriotes puritains; elle fortifia la cause de l'abstinence totale, et ouvrit la voie à une législation spéciale et à la lettre pastorale du dernier concile plénier de Baltimore. Elle fut le courrier avant-coureur du bref approbateur du Saint-Siège, pour l'Union catholique américaine, en faveur de l'abstinence totale [1].

Une loi, dont le sénateur Volstead fut l'initiateur, a imposé depuis, cette abstinence totale des liqueurs alcoolisées à tous les États-Unis.— Nous n'avons pas à l'apprécier ici. De très bons esprits là-bas estiment qu'elle a dépassé les limites à atteindre. Elle a développé la contrebande des liqueurs d'une manière effrayante. Cette contrebande enrichit des milliers d'Américains et en empoisonne des milliers d'autres. Le cardinal Gibbons condamnait l'absolutisme de la loi. Il lui reprochait de traiter comme un acte immoral ce qui n'en est pas un [2].

*<br>* *

De leur paroisse de New-York, les paulistes ont réussi à faire la paroisse modèle. J'ai pu les y voir à l'œuvre, durant les temps où, à deux reprises, ils

1. *Ecclesiastical american Review*, sept. 1897.
2. La province de Québec a trouvé le joint pour modérer la boisson de liqueurs alcoolisées, en rétablissant le monopole de la vente dans certaines limites prescrites, au profit d'œuvres d'intérêts commun : hôpitaux, routes, écoles.

m'offrirent dans leur communauté une douce et généreuse hospitalité.

Leur vaste église un peu sombre, mais aux proportions harmonieuses, aux ornements discrets et de bon goût, où l'autel du sacrifice et de l'eucharistie est largement exposé aux regards et aux prières des fidèles, est belle à voir, le dimanche surtout, à la messe de onze heures, remplie d'hommes recueillis. J'ai été frappé par l'exactitude, la régularité, la gravité des cérémonies religieuses qui s'y déploient. La seule vue des officiants et de leurs aides inspire la piété. Ce ne sont pas des personnages évoluant suivant un certain rythme, mais des acteurs convaincus de participer à un grand drame. Pas d'illuminations théâtrales, pas de clinquant rutilant dans les ornements, pas de chants ou de musique d'opéra. Tout est sobre, majestueux, recueilli, tout éveille l'amour et le respect. Les paulistes, bien avant la recommandation de Pie X, employaient le chant grégorien dans leur culte. Ils avaient jadis un chœur qui était le plus beau et le mieux organisé de l'Amérique. Ils ont dû y renoncer. Il leur coûtait trop cher. Celui qu'ils ont maintenant est plus modeste. Les soixante voix d'adolescents qui le forment, le dimanche et les grandes fêtes, entonnent des cantiques en entrant et sortant. Ils exécutent les thèmes liturgiques de l'Église et font une impression profonde et purifiante sur les assistants.

Ces religieux inaugurèrent, en 1861, le sermon de cinq minutes, à toutes les messes basses, même les plus matinales. Ils ont publié plusieurs volumes de ces courts sermons. A la grand'messe du dimanche, ils prêchent plus longtemps, et choisissent, à cet effet, leurs meilleurs orateurs. Ils éditent à l'avance des feuilles volantes où les sujets à traiter et les noms des prédicateurs sont indiqués. Je cite les sujets abordés aux grand'messes des dimanches d'octobre et de novembre 1923. Ils ouvraient une campagne de trois mois [1].

7 octobre : Les catholiques ont-ils le respect de la science ?

14 octobre : Que pensent les catholiques des miracles ?

21 octobre : La réapparition du paganisme.

28 octobre : Les prétendus sages.

4 novembre : Que pensent les catholiques de l'école publique ?

11 novembre : La foi est-elle raisonnable ?

18 novembre : Que pensent les catholiques du pape ?

25 novembre : L'au-delà.

Au service du soir, à huit heures, où se donne la bénédiction du Saint-Sacrement, ils ont d'autres sermons. Les sujets du mois d'octobre 1923 étaient :

1. On l'appela campagne pour le *Fair Play*. Voici sous quelle forme on lui fit de la publicité dans les journaux :

« Constatant que les points de vue catholiques sur beaucoup de questions ont été mal compris et mal expliqués, en dehors et au dedans de l'Église catholique, les PP. paulistes ont annoncé ce qu'ils appellent une campagne de *Fair Play*. Elle comprendra des conférences spéciales, des sermons, des dialogues dans l'église des paulistes, Ouest, 59e rue, tous les dimanches, soir et matin, avec distribution de brochures et de feuilles volantes, où les questions soulevées seront débattues. » Suivait l'énumération de ces questions.

Pourquoi les catholiques honorent la sainte Vierge?
— Que pensent les catholiques de l'éducation?

Très souvent, ils ont à ce service des conférences dialoguées.

Voici les sujets pour le mois de novembre 1923 :

L'Église peut-elle s'immiscer dans la politique ? — Que pensent les catholiques des sociétés secrètes ? — Que pensent les catholiques des mariages mixtes ? — Que pensent les catholiques du divorce ?

Au cours de l'année, en des occasions plus solennelles, ils organisent dans leur église une série de conférences sur les sujets d'actualités et moins directement religieux.

En 1923, du 21 au 28 octobre, le P. Gillis, directeur du *Catholic World*, traita tous les jours à huit heures, et le dimanche à 11 heures du matin et à huit heures du soir, les thèmes suivants :
La récente réapparition du paganisme : G.-Bernard Shaw : Le Disciple du diable. — H.-G. Wells : L'Omniscient. —Sigismond Freud : Rêves et désirs supprimés. — Conan Doyle : Esprits, Revenants, Ectoplasme. — Frédéric Nietzsche : la Bête blonde; le Surhomme. — Ernest Haeckel : Au delà de Darwin. — Leur prétendue sagesse. — Retour au Christ ou au chaos.

J'ai assisté à ces conférences. L'église était pleine jusque dans les moindres recoins. L'attention sympathique et éveillée du nombreux auditoire, environ 5.000 personnes, me frappa. Il était formé, m'assura-t-on, d'une bonne moitié de protestants. Au fond de l'église, en un endroit bien apparent, se trouve une boîte. C'est la *Question Box* (la Boîte aux questions). Quiconque a une difficulté ou un doute peut l'écrire et le mettre dans la boîte. Un Père est spécialement chargé de dépouiller cet intéressant courrier des âmes. Avant chaque sermon, il répond brièvement aux questions.

*⁎*

Le P. Hecker comprit très vite la nécessité de l'apostolat par la presse. Il eut un moment l'idée de fonder une congrégation de femmes, pour aider les paulistes dans leurs œuvres multiples et spécialement dans les œuvres de presse.

En avril 1865, parut *The catholic World*. Il a été, depuis lors, un porte-parole qualifié, respecté -et influent de la doctrine et des droits catholiques devant le public américain. On y a publié des articles sur toute sorte de sujets. Dans les limites d'une rigoureuse orthodoxie, ils se distinguent par un sens religieux profond, par un ton modéré, par le dédain des vaines surenchères et monopoles dans les doctrines, les hommes, les dévotions et les œuvres, par le mépris de la réclame commerciale, par le dévouement sans gestes redondants à l'Église, par l'attachement aux institutions libres de l'Amérique sans fanfaronnade d'égoïsme sacré [1].

En 1866, les paulistes avaient formé la *Société de publications catholiques*. Elle était, dans leur dessein,

---

1. Des Pères de la Compagnie de Jésus et des religieux d'autres ordres y écrivent souvent.

une entreprise apostolique pour éditer les œuvres visant à instruire les catholiques, et à éclairer les non-catholiques. A prix coûtant, et moins encore, on devait les répandre, comme feuilles en automne, sur tout le pays. Ils amenèrent le second concile plénier de Baltimore à adopter la Société, à décréter que les évêques établiraient chez eux une filiale, à fixer une quête pour elle tous les ans, et à prendre encore d'autres mesures pour sa diffusion. Elle publia dès lors des brochures et des livres très utiles à la religion, dont des millions de copies ont été répandues dans le public. Ne recevant pas les concours sur lesquels elle avait compté, elle fut confiée à des laïques, et, un an ou deux après, elle cessait d'exister. De ses ruines est sortie l'*Échange du livre catholique*, qui fit le même travail, sur une base purement missionnaire [1].

En 1917, cette dernière Œuvre fut remplacée ou mieux élargie par la *Ligue catholique pour l'Unité*, due à l'initiative du P. Conway.

En juillet 1917, il provoquait, à New-York, la réunion de trois Chevaliers de Colomb qui, depuis 1915, s'étaient montrés spécialement zélés pour la conversion des protestants par des conférences et le prêt de livres. Il leur suggéra l'idée d'une organisation qui assurerait quatre ou cinq séries de conférences par an, et procurerait les livres demandés pendant ces conférences et après leur clôture. Depuis lors, la Ligue s'est considérablement augmentée.

Elle ne compte pas moins de 7.000 membres dont six archevêques, trois cents prêtres. Tout catholique

1. *American ecclesiastical Review*, septembre 1897.

peut en être membre, moyennant un dollar par an. Pour subvenir aux demandes d'ouvrages catholique affluant des États-Unis et du Canada, elle a fondé une bibliothèque de livres à prêter, sur toutes les questions pouvant intéresser les catholiques. Elle a plus de 3.000 volumes et de 10.000 brochures. Elle est essentiellement une bibliothèque de prêt. Les emprunteurs n'ont qu'à payer le port. Un livre peut être gardé deux semaines ou plus longtemps, si on en fait la demande. Les brochures dont on a besoin ne sont pas rendues. On les communique aux non-catholiques qui veulent s'éclairer... En six ans d'existence, la Ligue a tenu 22 réunions publiques à l'hôtel Astor. En 1917, environ 100 membres entouraient l'orateur. En 1923, la vaste salle de l'Hôtel était absolument comble, et plus de 1.000 personnes durent rester dehors. Depuis 1917, la Ligue a dépensé plus de 28.000 dollars pour la diffusion de la Foi. La plus grande partie de cet argent fut employée à expédier 80.000 volumes et à distribuer gratis 265.000 brochures [1].

En 1870, les paulistes avaient fondé *Le Jeune Catholique*, un bi-hebdomadaire illustré, qui devait être pour les enfants ce que la grande revue était pour les parents. Il fut le premier de ce genre aux États-Unis, et il a gardé sa place jusqu'à maintenant, même en face de la demi-douzaine de concurrents parus depuis.

Ils avaient eu l'idée de fonder un quotidien. Le P. Hecker avait fait des démarches en 1871 pour acheter un journal bien connu à New-York. Il aurait pu l'avoir pour 300.000 dollars. Il avait déjà

---

1. *The catholic unity League*, par le P. Conway.

ramassé la moitié de l'argent, quand sa santé commença à décliner et le projet fut abandonné.

En 1892, les Pères installèrent, attenant à leur résidence, une imprimerie pour leur service exclusif. Elle comprend salles de rédaction, salles de composition, d'impression, de matériel, etc. Tous leurs livres et toutes leurs revues et publications sortent de ces presses, où le travail est particulièrement soigné. Ils l'ont réorganisée en 1924. Elle emploie 35 ouvriers et distribue des millions de brochures et de feuilles volantes. Des ses ateliers sont sortis les 2.000.000 d'exemplaires du livre du P. Conway, *The Question Box*, le plus fort tirage après celui de la *Bible* et de l'*Imitation*.

Les paulistes n'ont pas de collèges, mais, comme la moitié au moins des jeunes catholiques fréquentent les universités laïques, les évêques leur ont demandé des chapelains. Ils ont pu en donner à l'université Columbia de New-York, à celles de Minnesota, de Californie, du Texas, de Toronto du Canada, au collège de la ville de New-York. Leurs idées larges, leurs connaissances apologétiques, leur sympathie avec l'esprit américain, leur tact dans la manière de traiter avec les non-catholiques, font d'eux des chapelains modèles s'adaptant aux besoins spéciaux de chaque université. Ils estiment que le meilleur moyen de sauver leurs jeunes croyants, n'est pas de les tenir éloignés du milieu composite qu'est celui de l'université aux États-Unis, mais de les immuniser pour qu'ils puissent le fréquenter sans danger et au profit de leurs camarades.

Les nombreux catholiques qui vont aux institutions laïques, prétendent que c'est pour eux le seul moyen d'assurer leur position dans la vie. Les professeurs y seraient aussi, à les entendre, plus capables. Ces étudiants étaient fort négligés et beaucoup perdaient leur foi et leurs mœurs. Les paulistes ont établi dans les principaux centres universitaires des *Newman Clubs* où, logés à des prix modérés, ils trouvent des salles de jeu et des bibliothèques à leur disposition. Un Père a la charge du club et veille discrètement sur eux. Je dois ajouter que l'œuvre des *Newman Clubs* est fort mal vue dans quelques milieux de réguliers qui les accusent de favoriser les institutions laïques.

*<br>* *

Parmi les initiateurs des *Summer Schools*, Écoles d'Été, se trouvaient des paulistes. L'un d'eux, mon vénérable ami le P. Mc Millan, m'avait fait inviter en 1929 pour y donner quelques conférences. Je pus ainsi voir de près une institution que les catholiques européens ne connaissent pas assez.

L'idée en vint à Mgr Loughlin, secrétaire de Mgr Ryan, archevêque de Philadephie, un grand ami du cardinal Gibbons. Sa première réalisation date de 1892. La *Summer School* tint alors sa session à New-London, un petit port sur l'Atlantique dans le Connecticut. On n'arriva pas à couvrir les frais exigés par cette installation et l'évêque de Hartford, Mgr Mc Mahon, dut venir à la rescousse.

Malgré ce déficit pécuniaire, les résultats moraux et intellectuels avaient été encourageants. La *Summer School* allait devenir le moyen de faciliter aux gens pris par leur besogne quotidienne et à d'autres, le perfectionnement de leurs études, tout en se distrayant. Aucune classe sociale n'était exclue.

La seconde session, en 1893, se tint à Plattsburg, avec la chaude coopération des autorités diocésaines. Plattsburg est une ville de 15.000 habitants sur le lac Champlain. A trois kilomètres de la ville se trouvait une ferme appartenant à la compagnie des chemins de fer Delaware-Hudson. Elle s'étendait sur près de 1.000 mètres le long du lac, avec une surface de 150 acres (60 hectares). On décida d'obtenir de la compagnie un droit d'option pour l'acquisition de cette propriété. Coup de maître. Ce terrain devait faciliter l'admirable développement de l'œuvre. Ombragé d'arbres le long du rivage du lac, il a à ses deux extrémités un bois. Le rocher promontoire (Cliff) formant une petite baie (Haven) donne son nom à l'endroit et à la petite gare qui le dessert. En face, loin au delà de la masse d'eau, sur l'horizon, se détachent les douces ondulations bleuâtres des Blue-Mounts au nord de l'Etat de New-York. Le lac découvert par Champlain est une petite mer intérieure parsemée d'îles. Il a 100 milles de long sur 40 milles de large. Sa surface et ses rives ont été témoins d'importants faits de l'histoire franco-anglo-américaine. Aucun lieu ne pouvait mieux convenir aux vacances studieuses et reposantes des catholiques américains. Tout près se trouve un camp d'Académie militaire.

En février 1893, l'Université de l'État de New-York reconnut l'existence légale de la *Catholic Summer School*. Elle était classée dans la catégorie des œuvres se rapportant à l'Extension Universitaire. Du fait les étudiants obtenaient plusieurs avantages pour leurs examens et des privilèges légaux[1].

Certains catholiques doutaient de l'utilité de cette institution. En 1894, Léon XIII tranchait le différend en demandant aux responsables « de ne pas abandonner la tâche déjà entreprise et d'aller de l'avant, pleins de confiance ».

En 1897, le président MacKinley vint à la *Summer School*. Il la proclama « une organisation nationale ». Il y revint en 1899 et y prononça un discours mémorable sur « la constitution et le drapeau ». Le président Roosevelt, les cardinaux Gibbons, Bonzano, Gasquet et une foule d'autres personnalités ont été ses hôtes.

Sur une surface de cent cinquante acres (60

1. M. John Finley, commissaire délégué à l'Éducation, de l'État de New-York, écrivait, le 9 mai 1916, au P. Mc Millan, pauliste, l'un des fondateurs de la *Summer School* : « Je garde un excellent souvenir du jour passé à votre École près du lac dont les rives rappellent le courage et les souffrances d'explorateurs, de soldats et de prêtres, et où une académie naturelle se dresse pour l'enseignement des choses de l'âme et de l'esprit, et un camp pour la formation du soldat. Je vous félicite, vous qui avez travaillé si patiemment et si effectivement à cette École. J'espère que les résultats que vous obtiendrez vous encourageront à étendre encore son influence.

hectares) sont bâtis depuis 1916 douze cottages d'architecture différente, ayant tous un nom particulier : Boston, Philadelphie, Rochester, New-York, etc. Chacun d'eux a été construit par le cercle d'études ou les œuvres de la ville dont il porte le nom. Comme toutes les maisons américaines, des campagnes et des petites villes, ces chalets sont en bois. Ils ont une trentaine de chambres. Si j'en crois mon expérience, elles me paraissent peu aptes à assurer à un Français, un tranquille travail de l'esprit et même le sommeil, sauf après minuit. Mais l'Américain est beaucoup plus habitué que nous à vivre, à travailler, à manger et même à dormir en public. Ces cottages ont bains, électricité et autres commodités modernes.

A leur tête est une *Hostess.* Elle a la charge du matériel, gère sous sa responsabilité le cottage et perçoit les notes des pensionnaires. Ceux-ci peuvent y trouver des chambres depuis 8 dollars par semaine. Ils prennent leur repas avec les pensionnaires des autres cottages, dans une vaste salle à manger communiquant avec des cuisines. Les servantes sont des jeunes filles le plus souvent institutrices dans les écoles paroissiales, qui passent ainsi des vacances assez agréables sans bourse délier. Des étudiants ou de jeunes professeurs et surveillants, sont dans d'autres services. Le prix des repas par semaine est fixé à 21 dollars. Près de la salle à manger est un cottage où sont installés l'administration, la poste et l'épicerie, ou mieux, le bazar. Une grande chapelle est en face du réfectoire. A quelques pas, *The Auditorium,* une belle salle en amphithéâtre, où se donnent les conférences et où l'on joue des drames.

Le côté jeux et sports ne pouvait être négligé dans une entreprise américaine. Le *Champlain Club* est le plus beau bâtiment de la *Summer School*. On y trouve une salle de bal où tous les jeunes gens se rencontrent le mercredi soir et dansent, guidés par un orchestre [1]. Ceux qui veulent une nourriture plus raffinée, des chambres et un salon plus élégants et tranquilles, peuvent se satisfaire ici. Un jeu de golf pour les amateurs est installé tout près de Cliff-Haven. Les boxeurs, les joueurs de balle et de tennis ont leurs terrains spéciaux. Des cabines, des plates-formes pour les plongées et la nage s'alignent au fond de la baie, aux rives ombragées par de hauts et vieux arbres. Une croix s'élève à une extrémité sur le rocher. Des cabines pour campements d'enfants et de jeunes gens que dirige le Rev. Duffy, sont dispersées dans le bois

---

1. A New-York, les paulistes ont organisé des soirées dansantes pour les catholiques. J'ai sous les yeux une feuille volante rapportée de leur maison. En voici la traduction :

« Il faut venir ! — Danse tous les mercredis soir, à l'Union littéraire, *A. C. Spalding* des paulistes, 32-34, West 68th Street. Attraction : l'Orchestre Plantation. — Prix d'admission : 50 cents. »

Je donne, à dessein, ce détail sur la danse. Il surprendra dans les pays latins. Je n'ai pas à en discuter l'opportunité. Mais je dois dire que j'ai trouvé le même usage en Angleterre et en Suisse, dans les œuvres catholiques. Ici et là, on m'a assuré que c'était l'un des meilleurs moyens de préserver les jeunes gens catholiques et d'empêcher les mariages mixtes.

attenant. Des canots se balancent sur l'eau en attendant des amateurs pour les excursions à travers le lac et dans ses îles.

En 1928, un cottage a été élevé près du rivage qui sert uniquement à l'extension universitaire de l'Université de Fordhan à New-York, que dirigent les jésuites. Il ne comprend que des salles de classe. Cette extension a des cours d'été du 1er juin jusqu'au 27 juillet. Elle s'adresse aux jeunes gens ou jeunes filles, élèves ou professeurs, qui veulent préparer un examen ou compléter leurs études.

En 1929, s'ouvrait, sous les auspices et la responsabilité de l'œuvre de la *Summer School*, un vaste hôtel : *The Washington*. Les cottages ne pouvaient plus suffire aux demandes pour satisfaire les pensionnaires. Soixante chambres avec tout le confort moderne seront maintenant à leur disposition du 15 juin au 15 septembre. Il reste à construire une bibliothèque avec sa salle d'études et un musée. Des plans sont déjà proposés.

Le conseil d'administration de la *Summer School* comprend deux comités. L'un a pour objet le gouvernement économique de l'œuvre, l'autre le gouvernement intellectuel. Ce dernier, dans le courant de l'année, trace le programme et désigne les personnalités qui donneront les leçons et conférences. Elles commencent le 1er juillet et durent jusqu'au 2 septembre. Elles ont pour objet toutes les questions d'histoire, de littérature, de sociologie, d'art, de science, de philosophie, ayant un intérêt quelconque pour un catholique. Elles sont adaptées aux différents milieux qui, à diverses époques, composent l'élément de la *Summer School.* Deux professeurs donnent chacun pendant cinq jours de la semaine, tous les matins à 10 heures et à 11 heures, une conférence sur un sujet spécial. Un autre professeur en donne une, le soir à 8 h. 30, sur un autre sujet. Je donnai mes cinq conférences sur l' « Évangile et sa portée sociale », l' « Évangile et l'individu », l' « Évangile et la manière dont son enseignement social est compris par les rationalistes, les protestants et les catholiques », l' « Évangile et l'égalité », du 22 au 26 juillet, quatrième semaine de la session. Ces mêmes jours, le matin, le P. Delaunay de la Congrégation de la Sainte-Croix, parlait sur son séjour de six ans dans l'Inde et le soir, M. Joseph Whalem, de Boston, « du drame ».

Je n'ai pu trouver les chiffres des participants pour les dernières années. Mais un article du P. Mac Millan donne les détails suivants pour 1905 :

A un moment, au mois d'août, il y avait plus de 1.100 membres affiliés présents, venus des États-Unis et du Canada... Le compte des billets de chemin de fer nous permet d'estimer qu'environ 7.000 personnes arrivèrent pendant les neuf semaines consacrées au cours.

Ces chiffres ont dû plus que tripler depuis.

On aura une idée des questions traitées par les sujets du programme de 1922.

Première semaine. Le matin : cinq conférences sur *la Science et la Foi.* Le soir : cinq conférences sur *les Problèmes de la Foi d'aujourd'hui.*

Deuxième semaine, matin : Les grands écrivains hiberno-anglais du XVIIIᵉ siècle (5 conférences); — soir : Un exposé du spiritisme (2 conférences). Deux auditions de piano.

Troisième semaine, matin : Les Pères de la République américaine (5 conférences); — soir : Quelques phases du développement social américain (4 conférences).

Quatrième semaine, matin : Histoire et développement du problème féminin (5 conférences); — soir : Quatre auditions de chants.

Cinquième semaine, matin : La valeur éducative de la liturgie; Sainte Catherine et la papauté; La spiritualité dominicaine; Saint Dominique démocrate; Les dominicains et la crise intellectuelle du Moyen Age.

Pendant trois semaines, à 11 heures, tous les matins, des cours de sociologie étaient donnés sous la direction du Dʳ Kerby, de Washington.

Sixième semaine, matin : Principes d'art moderne et de littérature (cinq conférences); — soir : Quatre conférences sur la musique et sur le drame.

Septième semaine, matin : Étude de plusieurs drames (5 conférences); — soir : La France pendant la guerre (2 conférences).

Huitième semaine, matin : Quelques phases de l'histoire d'Irlande (5 conférences); — soir : l'Église catholique et la grande guerre (4 conférences).

Neuvième semaine, matin : Quelques centenaires de l'année passée : Saint Jérôme; le tiers ordre franciscain; De Maistre (5 conférences); — soir : Les rapports de saint François d'Assise et de sainte Thérèse avec l'art.

Telle est cette œuvre magnifique de la *Summer School.* L'initiative en revient tout entière à des catholiques américains galvanisés par les paulistes. D'autres, depuis, ont cherché à les imiter. Les protestants de différentes sectes ont maintenant leur *Summer Schoool,* en Amérique et en Angleterre. En ce dernier pays, les catholiques ont aussi à Oxford la leur. Je l'ai visitée, en 1921. Elle ne dure que deux ou trois semaines et ne peut que de très loin être comparée à celle des Américains. Nos «semaines sociales » ne s'en rapprochent pas davantage. Je crois cependant que tôt ou tard les catholiques américains dont les progrès intellectuels sont constants, leur emprunteront leur entrain, leur enthousiasme, leur sérieux dans l'étude des grands problèmes sociaux et des autres; ils y auront donc plus de *School* et moins de *Summer.* A leur tour, les « semaines sociales » auraient sans doute à apprendre des *Summer Schools,* bien des choses.

Peut-être un jour stimulés par elles, verra-t-on créer pour les mois d'été, quelque part, en Auvergne, en Bretagne, dans les Alpes ou les Pyrénées, une université qui ne sera plus ambulante. Elle aura ses chalets de Paris, Lyon, Marseille, Bordeaux, Toulouse, Lille, etc., groupés autour d'une chapelle, d'une salle de conférences, d'une bibliothèque et d'une salle à manger. Là tout en devisant sur les questions brûlantes de la politique, de la sociologie, de l'art, de la philosophie, les catholiques français, unis dans une foi qui ne sera plus exploitée dans des buts terrestres, pourront boire les bons vins de France, avantage dont sont privés à leur grand et légitime regret, les catholiques américains.

En 1925, les paulistes fondèrent une ligue spéciale dite *Paulist League*, développement de la ligue catholique pour l'unité, dont le but était de coopérer avec les œuvres consacrées à faire connaître l'Église catholique aux Américains; de travailler à l'éducation religieuse des laïques, de prêter des livres de propagande et de former la documentation apologétique nécessaire, enfin et surtout, d'ériger une station de radio. Elle fut la première créée par une œuvre catholique dans un but de propagande, grâce au quatre-vingt mille dollars recueillis par la Ligue dès qu'elle annonça le projet. Le premier message fut lancé le 24 septembre 1925, et son rayon d'action s'étendit jusqu'au Groënland. En décembre 1926, Mgr Dunn donnait pour elle une conférence sur *L'Église et la Démocratie*. Depuis lors, les sujets les plus variés, les plus actuels, les plus adaptés à la défense du catholicisme, ont été traités à la station du radio des PP. paulistes dite W. L. W. L. Après une conférence sur l'Écriture sainte, un presbytérien écrivait : « Me permettez-vous de vous envoyer toutes mès félicitations pour vos déclarations sur l'inerrance des Livres sacrés. Vous avez raison. Quiconque attaque les Écritures se met dans l'impossibilité d'exposer la religion de Jésus-Christ. »

Le 24 avril 1927, le cardinal Hayes, archevêque de New-York, voulut expliquer sur ce radio la campagne qu'il ouvrait pour les œuvres de charité des catholiques. Un programme pour le mois de juin de cette année, fut indiqué avec des parties musicales très variées et pour les vendredis, une conférence du P. Elliot Ross sur ce sujet : *Comment choisir une femme ou un homme?*

Mais, la station se trouvant au centre de la ville, près de la maison des paulistes, sa force d'émission était restreinte. On décida de la transporter dans les prairies du New-Jersey. Elle y était installée en décembre 1927, avec un champ d'action plus que doublé. En mai 1928, on y inaugurait des cours de Psychologie moderne par un professeur d'université.

Comme je l'ai dit, la *Paulist League* a pour objet le prêt des livres de propagande. Dans ce but, elle a établi sous les porches des églises et en certains endroits publics, des casiers où chacun peut choisir livres et brochures à sa convenance pour un prix modique. En 1927, elle avait par ce moyen, répandu 42.000 exemplaires de la *Lettre des évêques américains sur la question du Mexique;* 32.000 brochures du « Chemin de la Croix pour enfants »; 30.000 de « Trois heures d'agonie », etc. Cette même année, en l'espace de cinq mois, elle distribuait par mois 80.000 brochures et en imprimait, dans le même espace de temps, 60.000.

Enfin, à l'imitation de l'*English Catholic Evidence Guild* qui, tous les dimanches, a sa chaire à Hyde-Park où montent des laïques, hommes et femmes, pour répondre aux objections contre le catholicisme, qui prêche partout où elle en a l'occasion, la *Paulist League* a inauguré en 1927, la prédication dans les rues au Manitoba. La pratique se répand ailleurs.

Voilà qui s'appelle se renouveler et s'adapter. Si l'esprit se renouvelle et s'adapte en même temps, on peut attendre de beaux résultats de cet apostolat vivant, le seul fécond.

Je rappelle, en terminant, que le P. John Burke est le secrétaire aimé de l'œuvre centrale de l'Église américaine, *The National Catholic Welfare Conférence*, dont j'ai parlé précédemment.

*<br>* *

Telles sont les principales œuvres créées et soutenues par le zèle des paulistes. Elles ont un caractère américain marqué. Les faire revivre exactement dans nos pays latins serait malaisé, mais elles peuvent suggérer des idées. En tenant compte du temps et des milieux, leur application donnerait sans doute d'excellents résultats. Il semble que l'apostolat des paulistes soit plus en contact avec les présentes nécessités des âmes aux États-Unis que le nôtre chez nous. Les préoccupations de politique pure en sont exclues. Ils aiment dans leur peuple l'indépendance, le *fair-play*, l'ardeur aux affaires, et ils le lui disent. Jamais on ne les verra se solidariser avec les passions d'un parti, sous prétexte de défendre le dogme ou la morale. Toutes les nobles causes, tous les dévouements à la justice, à la fraternité, à la tolérance, sont assurés de leurs applaudissements et de leur approbation, quels qu'en puissent être les initiateurs.

Traiter dans nos chaires, sous forme de conférences, les sujets qu'ils y traitent sur les romanciers ou d'autres écrivains en vogue, ne serait pas possible. L'usage le permet en Amérique. Juifs et protestants sont si « actuels », qu'ils en oublient les vieilles et fondamentales vérités. Le catholicisme américain n'étant pas contaminé par les fièvres politiques, comme il l'est ailleurs et surtout dans l'Europe latine, peut se présenter aux foules, dans sa magnifique synthèse de religion harmonieuse, ne servant jamais l'autorité ou la liberté aux dépens de l'une ou de l'autre. Ce peuple jeune, aussi ami de l'idée que du dollar, malgré les apparences, et qui, même dans ses partis les plus conservateurs, rappelle l'état d'âme de la France en 48, applaudit toute parole sincère qui, défendant une croyance particulière, reste fidèle aux grands idéals de justice et de liberté humaine fondement de sa civilisation. Le prédicateur européen ne peut pas oublier que les peuples de son hémisphère n'ont plus cette jeunesse et cette naïveté. Mais si l'idéal y est moins simpliste et inexpérimenté, il vit au profond des âmes et va dans les mêmes directions. Celui qui aura le courage évangélique de se mettre en contact avec lui, en le prêchant, s'il a un peu de talent, est assuré du succès.

* *

Les paulistes dirigent à New-York deux grandes paroisses. Ils ont un noviciat, une maison d'études à l'Université de Washington ; une église et une résidence à Chicago, Toronto, Portland (Oregon), Winchester, Austin, San Francisco ; une église américaine, Santa Susanna, et deux Pères, à Rome. Il fut un instant question de les établir en Angleterre et en Australie.

La pénurie des sujets fit renoncer au projet. A cette heure, ils sont environ 80 Pères, et 44 novices. Leur petit nombre s'explique par le haut idéal qu'ils poursuivent, et par le type spécial de religion sans vœux qu'il exige.

Leur congrégation, comme d'autres, a embrassé une foule d'œuvres excellentes; elle en crée tous les jours et elle n'a que peu d'ouvriers à y appliquer. Fatalement, la formation intellectuelle et pastorale en souffre un peu. Des cerveaux bien organisés et meublés sont nécessaires aux ordres religieux, s'ils veulent avoir une influence profonde et s'imposer au dehors aux incrédules et aux non-catholiques.

Les PP. jésuites de la revue hebdomadaire *America*, à l'occasion de la mort du P. Elliot, le 18 avril 1928, rendirent dans leur numéro du 5 mai de la même année, à l'œuvre des paulistes, un noble hommage. Il mérite de clore ce chapitre. Il honore les uns et les autres. « En prenant au hasard, écrivait *America*, quelques-unes des caractéristiques de ces missionnaires, dont certaines remontent au P. Hecker lui-même, on note ce qu'il est permis d'appeler, le phénomène pauliste. Ces particularités furent d'abord tenues pour choses nouvelles et même radicales, quand elles apparurent. Ensuite, mises à l'essai, on les trouva si pratiques que tout le monde les accepta et rares furent ceux qui se souvinrent de leur début. Nous avons eu ainsi l'idée d'une revue catholique mensuelle réalisée dans le *Catholic World;* les homélies de cinq minutes aux messes basses; les livres d'apologétique

simple et conciliante d'Hecker, de Conway,
d'Elliot, de Searle et d'autres ; la large distribution de brochures et les casiers à livres ; l'usage
de la *Boîte aux Questions* pour les missions et
retraites ; l'idée d'une maison d'apostolat de mission pour former au travail missionnaire dans le
pays ; l'apostolat par la radio ; l'œuvre des *Newman
Clubs* pour les collèges et universités séculiers,
et *least but not last*, une grande foi dans la capa-
cité de l'Église de s'adapter pleinement aux mœurs
et à l'idéal américain.

« Le meilleur moyen, sans doute, d'apprécier à leur
valeur, les soixante années écoulées de cette activité,
est de se demander quelle serait la situation de
l'Église dans notre pays aujourd'hui, si ces cinq
hommes ne s'étaient pas associés, comme ils firent,
sous le patronage de l'apôtre des Gentils. »

A côté des paulistes, les encourageant et collaborant souvent avec eux, les sulpiciens, comme
formateurs d'élite du clergé américain, ont largement et efficacement contribué à cette situation
de prospérité.

# CHAPITRE VII

## Les éducateurs du clergé américain.
## Les sulpiciens français.

Sommaire : *Arrivée des sulpiciens à Baltimore (1791). Les difficultés du début. — Le séminaire Sainte-Marie et le collège Saint-Charles. — Leur histoire. — Leurs supérieurs. — Dédicace du nouveau grand séminaire le 5 novembre 1929.*

Le 15 août 1790, John Carroll, ancien jésuite et parent du seul catholique signataire de la Déclaration de l'Indépendance américaine, au château de Lulworth en Angleterre, était consacré premier évêque de Baltimore et des États-Unis naissants. Il y avait alors dans la jeune République 25 prêtres et 40.000 fidèles, disséminés dans la Pensylvanie, l'État de New-York, le Maryland et ailleurs. Dans ses lettres à la Propagande, Carroll, alors supérieur de la Mission catholique, avait déclaré en 1787 que le seul moyen d'avoir le nombre de prêtres suffisant aux nécessités présentes et futures, était de fonder un collège et un grand séminaire. En 1789, il ouvrait le collège de Georgetown dans le district de Columbia; c'est maintenant l'université de même nom. Le 9 septembre 1790, donc vingt-quatre jours après sa consécration, Mgr Carroll écrivait au cardinal Antonelli, secrétaire d'État :

« A la demande de Son Excellence le Nonce apostolique, un des directeurs de Saint-Sulpice (M. Nagot) est venu à Londres. Après avoir conféré ensemble, nous avons décidé d'établir un séminaire à Baltimore. De cette institution, nous attendons de grands avantages pour le bien de la religion. Il ne me paraît pas douteux que la Providence donne une preuve de sa sollicitude à notre égard, en inspirant à ces excellents prêtres l'idée de nous apporter une aide particulièrement précieuse, à une heure où notre diocèse a un si pressant besoin de leurs services [1]. »

L'illustre M. Émery était alors le neuvième Supérieur de Saint-Sulpice.

La tempête révolutionnaire grondait en France, menaçant de détruire toutes les institutions ecclésiastiques, et, avec elles, la Compagnie fondée par M. Olier. Pour la sauver du naufrage, il avait d'abord décidé d'aller établir un séminaire à Gallipolis sur les rives de l'Ohio, où quelques gentilhommes royalistes français émigrés allaient fonder une colonie, qui, d'ailleurs, devait échouer pitoyablement. S'étant ouvert de son projet au Nonce du pape à Paris, Mgr Dugnani, celui-ci lui conseilla de l'abandonner. Il l'engagea à se mettre en rapports avec le nouvel évêque de Baltimore, qui cherchait des prêtres pour le séminaire américain qu'il avait en vue. Et voilà pourquoi nous trouvons M. Nagot

---

1. « Les missions sulpiciennes », *L'Université catholique*, 15 août 1905, p. 570.

conférant à Londres le 9 septembre 1790 avec
Mgr Carroll qui n'avait pu se rendre à Paris. « Nous
avons arrangé tous les préliminaires, écrivait
l'évêque à Lord Arundell, un mois après. J'attends
à Baltimore, pour les premiers jours de l'été,
quelques-uns des messieurs de cette Compagnie
qui se mettront vaillamment à l'ouvrage. »

Pie VI, informé de l'accord par M. Émery,
l'approuva chaleureusement. M. Nagot fut choisi
pour supérieur. MM. Garnier, Levadoux et Tessier,
le chanoine Delavau du diocèse de Tours (un non-
sulpicien) devaient être ses collaborateurs. Ils
amenaient avec eux cinq séminaristes théologiens
recrutés en divers diocèses. Ils disposaient d'environ 200.000 francs, des ornements sacrés et des
livres nécessaires. La Compagnie, en plus, assurait
leur entretien pendant deux ans.

Ils s'embarquèrent à Saint-Malo le 8 avril 1791.
Parmi leurs compagnons de bateau se trouvait
un jeune homme de vingt-deux ans. Il s'appelait
Chateaubriand, et allait chercher l'homme de la
nature rêvé par Rousseau, dans les forêts du Nouveau Monde. Les sulpiciens l'intéressaient peu.
Ils étaient sans doute trop civilisés pour lui, devenu
alors un « esprit fort », avouera-t-il plus tard.

Le voyage dura trois mois. Hébergés à leur arrivée,
en l'absence de l'évêque, par le R. P. Charles Sewal,
curé catholique de Baltimore, ils louèrent d'abord
et puis achetèrent un terrain où était un cabaret,
à Paca Street, à l'endroit même où se trouve encore
aujourd'hui le vieux grand séminaire.

On construisit en hâte une maison modeste,

et le 22 juillet 1791, on y célébrait la première messe. Le 3 octobre de cette même année, les sulpiciens ouvraient les cours pour les cinq lévites arrivés avec eux : « La touchante piété de ces prêtres, écrira le 3 avril 1792 Mgr Carroll, est admirable, leur exemple est un stimulant... Tous nos espoirs reposent sur le séminaire de Baltimore. »

Les débuts en furent très difficiles. Jusqu'en 1795, il ne reçut que trois nouveaux élèves, dont un seul Américain. De 1795 à 1797, aucun ne se présenta. M. Émery ayant cependant envoyé aux États-Unis d'autres sulpiciens, on décida d'utiliser leur zèle hors du grand séminaire. MM. Levadoux, Richard et Chicouneau travaillèrent comme missionnaires à l'Ouest dans la vallée du Mississipi ; M. David se chargea de trois missions à Sakia dans le Bas-Maryland, M. Garnier fonda la paroisse de Saint-Patrick à Baltimore. M. Ciquard fut envoyé aux Mimacs indiens du Maine déjà convertis par des sulpiciens canadiens. M. Dubourg entrait dans leur Compagnie en 1795. Bientôt après Mgr Carroll le nommait supérieur de Georgetown. Il devait devenir plus tard archevêque de la Nouvelle-Orléans (1815-1833).

M. Maréchal, qui avait fait partie du second contingent envoyé par M. Émery, fut le successeur de Mgr Carroll (1810-1829) [1].

---

1. Saint-Sulpice donna plusieurs excellents prélats missionnaires à l'Église naissante des États-Unis. Mgr Faget fut le premier évêque (1808) de Bardstown dans le Kentucky. Sa juridiction s'étendait sur tout le Nord-Ouest jusqu'au lac Michigan, et comprenait, outre le Kentucky, le Ten-

Mais le Supérieur général et M. Nagot, Supérieur aux Etats-Unis, tout en admirant l'activité apostolique et les succès de leurs confrères, constataient avec peine que leurs travaux ne répondaient pas aux intentions des fondateurs de la Compagnie. D'une part, l'évêque de Baltimore n'encourageait pas la fondation d'un séminaire-collège qui pût alimenter le grand séminaire, pour ne pas nuire à Georgetown ; d'autre part, tous les essais de séminaires à la Nouvelle-Orléans et dans l'Ouest du Mississipi avaient échoué, et celui de Baltimore n'avait toujours pas d'élèves ou peu.

En même temps, la situation de l'Église en France s'était améliorée ; tous les évêques réclamaient des sulpiciens pour diriger ou créer des maisons où leurs prêtres seraient préparés au sacerdoce. Dans ces conditions, d'accord avec M. Nagot, M. Émery décida de rappeler ses hommes en France. Consternation de l'évêque : qu'allait devenir son diocèse si d'un coup on lui enlevait

nessee, l'Ohio, l'Indiana, le Missouri, l'Illinois actuel et même une partie du Canada. Il transporta son siège à Louisville en 1841, où il mourut en 1850. Il avait eu, dès 1817, pour évêque auxiliaire son ami, Mgr David, un autre sulpicien. Celui-ci, élu pour le remplacer en 1832, dut laisser le siège à Mgr Faget et donner sa démission. Un de leurs compagnons d'apostolat et confrère, Mgr Richard, fut l'organisateur du catholicisme à Détroit, le fondateur de l'université de Michigan, député au Congrès pour cet État, le premier et le seul prêtre qu'on y ait jamais vu. Mgr Dubois, un sulpicien encore, ouvre la liste des évêques de New-York, où il fut nommé en 1826, et où il aura pour successeur, en 1839, son ancien élève, devenu coadjuteur, le grand prélat Hughes.

douze prêtres, les éducateurs, l'exemple et les animateurs de tout le clergé américain? Il faudrait citer ici les quatre lettres conservées qui s'échangèrent alors de 1800 à 1803, entre le Supérieur général et l'évêque de Baltimore. Elles sont un éternel honneur pour l'un et pour l'autre. Le Supérieur se plaint doucement à l'évêque qu'il ne les laisse pas fonder un collège : « Il ne peut être question, lui dit-il, d'abandonner le séminaire de Baltimore, puisque ce séminaire n'a jamais, de fait, existé. » L'évêque le conjure de n'en rien faire ou au moins « de laisser une semence qui produise des fruits au moment où Dieu le voudra ». Et il couvre de fleurs la Compagnie : « Je vous déclare, comme je l'ai toujours déclaré partout, que je n'ai jamais vu ni connu nulle part des hommes plus capables par leur caractère, leurs talents ou leurs vertus, d'élever des ecclésiastiques comme la religion les exige maintenant, que les Messieurs de votre Société. Je crois donc que ce serait un des plus grand malheurs qui pourrait arriver à ce diocèse s'il devait les perdre. »

M. Émery n'en persévérait pas moins dans son dessein; Pie VII étant venu à Paris en 1804 pour assister au couronnement de Napoléon I<sup>er</sup>, il décida de le consulter. Il lui exposa les besoins urgents de l'Église de France que le rappel des sulpiciens de Baltimore pourrait satisfaire. « Mon fils, lui dit le vénérable Pontife, laissez les choses en leur état, laissez le séminaire subsister. Un jour viendra où il portera des fruits. Rappeler ses directeurs pour les employer dans d'autres séminaires

serait voler saint Pierre pour payer saint Paul. »
Pie VII fut bon prophète.

*
* *

Il fallait cependant trouver un moyen de re-
cruter des élèves pour le grand séminaire. Il n'y
en avait pas d'autres que d'ouvrir un collège.
En 1795, MM. Flaget et Richard, alors missionnaires dans le Middle West, n'avaient pu arriver
dans cette partie de l'Amérique encore à demi
sauvage, et où les catholiques étaient très peu nombreux. Vers 1797, M. Babad, un Sulpicien venu
d'Espagne à Cuba, écrivit à ses confrères de Baltimore que les familles des colons espagnols seraient
heureuses de trouver un collège pour leurs enfants
à la Havane. MM. Flaget et Dubourg partirent pour
cette ville en 1799. Deux ans plus tard, le gouvernement espagnol exigeait la fermeture d'un établissement d'instruction dirigé par des Français. On s'en
revint donc à Baltimore, en y emmenant trois jeunes
Cubains qu'on logea au grand séminaire. L'évêque
toujours soucieux de l'avenir de Georgetown, ne
permit d'abord de recevoir que douze jeunes gens.
Il étendit un peu plus tard la permission à vingt-
cinq, mais aucun ne devait être Américain. Ils
étaient à peu près tous Cubains. Les autorités
espagnoles, en 1803, les obligèrent à rentrer dans
l'île.

Mgr Carroll se décida enfin à autoriser ses sulpiciens à recevoir des Américains. Ils leur ouvrirent
les portes de leur collège Sainte-Marie, comme

pensionnaires ou externes, sans distinction de croyances, à l'automne de 1803. En 1806, ils avaient cent six élèves.

Les deux collèges de l'État de Maryland, *Washington college* et *Saint John college*, vivaient d'une vie précaire. Devant le succès croissant de la maison sulpicienne, les autorités politiques se décidèrent, en 1805, à la déclarer établissement public à la place du *Washington college*, à condition qu'elle reste ouverte aux catholiques et aux protestants. M. Dubourg en fut le président jusqu'en 1812, année où il devint archevêque de la Nouvelle-Orléans. Il avait alors deux cents élèves et jouissait d'une réputation scientifique et pédagogique méritée. Les plus illustres familles du Maryland et de la Pensylvanie lui envoyaient leurs enfants. Sur les listes de ces *alumni*, on trouve les noms de Jérôme Bonaparte, fils du roi de Westphalie, Chatard, futur évêque de Vincennes, de Boarman, gouverneur de la Lousiane, de Kavanagh, gouverneur de la Nouvelle-Angleterre, de Latrobe, fils de l'architecte du Capitole à Washington, du littérateur Tekle Waltis, de Samuel Eccleston, le cinquième archevêque de Baltimore, d'Iturbide, fils du premier empereur du Mexique, etc. « Le système disciplinaire des sulpiciens à Baltimore, dit M. Herbermann leur historien, était fondé sur l'appel au respect de soi-même et sur le caractère, non sur l'espionnage et le terrorisme. » Leurs élèves, même protestants dont peu se convertirent, leur restèrent toujours attachés.

Il subsista jusqu'en 1850. M. Faillon, délégué

aux États-Unis par le Supérieur général, décida sa fermeture. A ce moment-là, les jésuites établirent leur collège à Baltimore.

« Ainsi, dit Herbermann, disparut Sainte-Mary's College de la liste des institutions académiques américaines. Il avait fidèlement exécuté le contrat avec l'État de Maryland, qui avait si libéralement aidé ses premiers pas. Il avait répondu aux exigences des parents qui si longtemps montrèrent leur confiance aux Messieurs de Saint-Sulpice, en leur donnant leurs enfants. Il s'était acquis la gratitude de ses anciens par sa maternelle et intelligente éducation, qui répondait pleinement à leurs besoins intellectuels et moraux. Il disparaissait par un acte de sacrifice à un principe, renonçant aux plus belles promesses d'avenir [1]. »

Les bâtiments furent agrandis peu à peu pour recevoir les grands séminaristes qui arrivaient du petit séminaire, car les Supérieurs de Saint-Sulpice ne s'étaient jamais résignés à ne s'occuper que d'un établissement secondaire pour les seuls laïques à eux confiés par l'État de Maryland. « On ne peut s'empêcher, dit encore leur historien, d'admirer leur constance. Ils échouèrent à Baltimore, ils échouèrent à Emmistbourg, ils échouèrent en Illinois, ils échouèrent à Détroit, mais pas un moment ils ne renoncèrent à réaliser la fin de leur Compagnie. Leur détermination presque farouche d'exécuter le programme de M. Olier et de M. Éme-

---

1. Herbermann, *The sulpicians in the United States*, p. 244.

ry caractérise leurs entreprises et leur histoire [1]. »
Dès 1806, ils avaient ouvert à Pigeon Hill, en Pensylvanie, un petit séminaire destiné exclusivement à l'éducation des futurs prêtres. Trois années plus tard, il fut transféré à Emmitsbourg. En 1812 il avait soixante séminaristes. M. Dubois, futur évêque de New-York, en fut le supérieur jusqu'en 1824 où un incendie le détruisit. Il reçut lui-même ses bulles en 1826. A ce moment, le collège n'appartenait plus aux sulpiciens. En 1829, ils recevaient de Charles Carroll, frère de l'évêque, une partie de ses terres du manoir de Darghoregan et de l'argent. D'autres dons arrivèrent. L'on se mit à bâtir un collège qu'on appela Saint-Charles du nom du bienfaiteur. Des difficultés financières et le manque de personnel absorbé par Sainte-Mary's College, l'empêchèrent de s'ouvrir. Devant l'insistance de l'archevêque de Baltimore, Mgr Eccleston, un ancien sulpicien, M. Deluol, supérieur du grand séminaire, opposé, par raison de prudence à cette ouverture, dut s'incliner. Le président du nouveau collège fut M. Jenkins. Ce choix fut un coup de maître. M. Jenkins appartenait à une vieille famille catholique du Maryland. Élève de Sainte-Marie, banquier à dix-huit ans, à trente il se décidait à entrer au séminaire. A trente-trois ans, en 1841, il joignait la Compagnie de Saint-Sulpice. Il était professeur dans la maison où il avait été élève, quand on le nomma à Saint-Charles. Il y réussit si bien qu'on le mit à la tête

---

1. Herbermann, *op. cit.*, p. 138.

de Sainte-Marie les trois dernières années de son existence, pour arranger et liquider la situation financière. Il revint à Saint-Charles en 1852. En ce moment-là, le séminaire ne pouvait recevoir que quarante-cinq élèves. Agrandi peu à peu, en 1898, année de son cinquantenaire, il en avait deux cent vingt-cinq. A M. Jenkins était due la belle chapelle de l'établissement. Il y consacra toute sa fortune.

En 1911, un incendie le détruisit. On abandonna alors Ellicot City, où était construit le collège sur le terrain donné par Charles Carroll. On alla bâtir un plus bel établissement dans un plus bel endroit, à Catonsville. En 1929, on l'aménageait, pour y recevoir un millier d'élèves. Ils y accourent de tous les coins des États-Unis, mais surtout de la Nouvelle-Angleterre, de l'État de New-York et du diocèse de Baltimore, pour s'y préparer à la prêtrise. Ils ont occupé ou occupent encore les postes les plus brillants dans la hiérarchie catholique et les universités. En 1855, y arrivait le futur cardinal Gibbons. Le jour de la Dédicace du nouveau Saint-Charles, en 1912, à Catonsville, après l'incendie de l'autre, le grand prélat disait : « Je bénirai toujours la mémoire du Père rédemptoriste qui me conseilla de choisir Saint-Charles pour poursuivre mes études. Je remercie la sage Providence qui guida mes pas vers cette institution, il y a près de cinquante-sept ans, quand je quittai la Nouvelle-Orléans. » Il avait alors vingt et un ans et quittait un magasin d'épicerie. En peu d'années, il montait tous les degrés de l'échelle hiérarchique pour devenir archevêque et cardinal de Baltimore, l'un des hommes les plus aimés et admirés qu'aient eu les États-Unis. Il avait été ordonné prêtre en 1861 au grand séminaire Sainte-Marie, dont nous allons raconter brièvement les destinées.

* *

M. Nagot en fut le supérieur jusqu'en 1810. De 1806 à 1810, trois séminaristes seulement y reçurent l'onction sacerdotale. M. Nagot eut pour successeur M. Tessier qui l'avait accompagné en Amérique en 1791. Celui-ci eut pour collaborateur M. Maréchal que M. Émery avait rappelé de Baltimore en France, en 1803, pour en faire un professeur de théologie à Saint-Flour, à Aix, à Lyon. Il l'avait renvoyé en Amérique, en 1812, quand Napoléon supprima la Compagnie de Saint-Sulpice. M. Maréchal s'imposa par son savoir, ses vertus et sa loyauté envers sa patrie adoptive. Troisième successeur de Carroll sur le siège de Baltimore en 1817, il fut un grand évêque à l'esprit américain : il obtint de Rome, en 1821, qu'on nommerait le moins possible d'étrangers aux sièges épiscopaux des États-Unis.

Son ami, M. Tessier, gouverna le grand séminaire de Baltimore pendant neuf ans. Quarante-huit prêtres furent ordonnés sous son administration. Petit nombre, sans doute, pour tant d'années, mais la population catholique était alors bien peu nombreuse aux États-Unis. Sainte-Marie fournit non seulement « la plupart des prêtres de paroisse pour Baltimore et les sièges suffragants, mais il donna des prélats capables, distingués et pieux, à une foule de sièges de la République [1]. » Parmi eux, Mgr Eccleston, un converti, qui devint le cinquième archevêque de Baltimore. En 1824, Mgr Maréchal avait obtenu du Saint-Siège que le séminaire Sainte-Marie aurait le titre d'université avec faculté de conférer les grades.

En 1829, M. Tessier remettait sa démission entre les mains de M. Carrière, que le Supérieur général de Saint-Sulpice, M. Garnier, avait délégué aux États-Unis. Il mourut en 1840.

M. Deluol, professeur de théologie, le plus ancien des sulpiciens américains, fut désigné par M. Carrière pour remplacer M. Tessier. Le nombre des étudiants n'augmenta guère, mais ils furent de choix. Des trente-six prêtres ordonnés jusqu'en 1849, cinq furent élevés à l'épiscopat. La plupart des autres se distinguèrent comme écrivains et orateurs.

M. Deluol établit dans son séminaire des cours d'histoire de l'Église, d'hébreu et de sciences, jusque-là à peu près inconnus. En 1849, à son tour, il priait M. Faillon, délégué aux États-Unis par le Supérieur général, M. de Courson, de le relever de sa charge. Il avait été opposé à l'ouverture du collège Saint-Charles. Il vint mourir à Issy, le 15 novembre 1858.

Avec le départ de M. Deluol pour Paris commence une ère nouvelle pour les sulpiciens des États-Unis. Leur grand séminaire alimenté par le collège

1. Herbermann, *op. cit.*, p. 84.

Saint-Charles est maintenant bien établi. Ils abandonnent la direction de religieuses, de laïques et d'un collège purement séculier, pour se consacrer tout entiers à l'œuvre de leur vocation spéciale. M. Lhomme succéda à M. Deluol. Sous son administration, le grand séminaire Sainte-Marie prend de plus en plus un caractère national. Les élèves lui viennent de tous les États de la République. En 1857, y entrait, après avoir passé deux ans à Saint-Charles' College, un jeune séminariste de vingt-trois ans qui s'appelait James Gibbons. On l'ordonnait prêtre en 1861 [1].

Sous l'administration de M. Lhomme sévit le Knownothing, une Société nationaliste, précurseur du Ku-Klux-Klan. Elle demandait l'expulsion des étrangers, et en particulier des catholiques, des États-Unis. Elle manifesta plusieurs fois contre les séminaires.

C'est M. Lhomme qui passa aux jésuites le collège Sainte-Marie, remplacé par le petit séminaire Saint-Charles. Les cours du grand séminaire, enfin délivrés de la servitude des heures supplémentaires de classes données par ses élèves au collège, furent renforcées dans toutes les branches. Ses bâtiments aussi se trouvèrent agrandis de tous ceux du collège abandonné.

En 1860, M. Lhomme mourait. Il avait demandé avant sa mort que M. Dubreuil, professeur de philosophie, son confident, le remplaçât. M. Du-

---

1. Voir sa *Vie*, par Allen Sinclair Will, que j'ai adaptée de l'anglais. Téqui, éditeur, Paris.

breuil, du diocèse de Lyon, ancien professeur de dogme à Orléans, avait alors quarante-quatre ans. L'année même où il prenait en main le séminaire, la guerre civile éclatait. « La Compagnie de Saint-Sulpice s'était, dès le début, distinguée par son sincère et enthousiasme loyalisme envers la République. Comme l'Église catholique aux États-Unis, jamais elle ne se solidarisa avec les tendances séparatistes ou partisanes [1]. » Ses élèves venaient de partout. En pleine guerre civile, de 1861 à 1864, le grand séminaire de Baltimore en recevait du nord, de l'est, du centre et du sud des États-Unis. Le 17 avril 1866, après sa victoire sur les États dissidents, le grand pacificateur, le président Lincoln, était assassiné. Cinq jours après, son cadavre passait à travers les rues de Baltimore accompagné des autorités de l'État de Maryland, de la ville, et des séminaristes de M. Dubreuil. Ceux-ci, au début de son administration, étaient au nombre de trente-cinq. Quand il la laissa, en 1878, ils avaient triplé. Parmi les élèves de cette période, outre le cardinal Gibbons, il faut compter Mgr Keane, le premier recteur de l'université catholique de Washington, et plus tard archevêque de Dubuque, Mgr O'Connell, recteur du collège américain à Rome et évêque de Richmond. Sous M. Dubreuil, l'adaptation des bâtiments de l'ancien collège Sainte-Marie au séminaire fut achevée. Il mourut en avril 1878.

---

1. Herbermann, *The sulpicians in the United States,* p. 303.

M. Magnien lui succéda. Il était du diocèse d'Orléans, où il avait subi tout jeune l'influence du grand évêque Dupanloup. Après avoir enseigné la philosophie au séminaire de Rodez, il fut envoyé à Baltimore en 1869. Il y professa successivement ou simultanément le dogme, la liturgie, l'Écriture sainte. Complètement américanisé et plein de sympathie pour les idéals de sa patrie d'adoption « tout en maintenant l'essentiel des règles de MM. Olier et Émery, non seulement il accorda plus de libertés à ses élèves, mais il supprima tout ce qui, dans son pays d'origine, aurait pu sembler exigé par la tradition et la dignité [1]. » Il réforma l'enseignement du séminaire et l'adapta aux nécessités de la jeune république. Il s'était entouré d'un corps de professeurs de choix. Parmi eux, se trouvait M. Tanquerey qui commença à publier son cours de théologie pendant qu'il enseignait à Baltimore (1887-1902). A côté de lui, était M. Ayrinhac, canoniste distingué, devenu depuis supérieur du grand séminaire de San-Francisco. Attirés par eux, les Américains, jusque-là un peu revêches, demandaient à entrer dans la Compagnie de Saint-Sulpice. Parmi ceux-ci, il convient de citer deux hommes éminents, M. Dyer, un de ses successeurs à la tête du séminaire, et M. Fenlon, le provincial actuel de la Société aux États-Unis. En 1866, deux cent vingt élèves, tous nés aux États-Unis et des régions les plus diverses, suivaient les cours de Sainte-Marie. M. Magnien doubla les bâtiments du séminaire et

---

1. *The sulpicians in the United States*, p. 315.

le laissa tel qu'il est aujourd'hui. Il ajouta une
chapelle pour les philosophes, l'ancienne ne pouvant contenir les lévites toujours plus nombreux.
En 1884, il recevait dans sa maison les Pères
du III<sup>e</sup> concile de Baltimore. Il y fut le théologien
de l'archevêque, très écouté de tous les prélats qui
ne tarissaient pas d'admiration sur le charme de
ses relations, sa science et sa sagesse. Il poussa de
toute son énergie à la fondation de l'université de
Washington. Elle fut inaugurée en 1889, année
du centenaire du siège archiépiscopal de Baltimore. On confia aux sulpiciens la direction du
séminaire de l'université et, en 1920, ils y installèrent leur scolasticat. Les archevêques de San-
Francisco, de New-York et de Boston, les demandaient pour diriger leurs grands séminaires. Depuis,
pour des causes diverses et honorables, qu'il n'est
pas opportun d'expliquer ici, ils ont dû abandonner
les grands séminaires des deux dernières villes.
Épuisé par le travail du supériorat, des visites, des
retraites ecclésiastiques, M. Magnien devait subir
en 1897, une opération douloureuse. Il mourut
le 21 décembre 1902.

Espérons qu'un jour sera écrite la vie de cet
homme éminent, second fondateur après M. Émery,
du séminaire de Baltimore. Il aimait ardemment
son pays d'adoption, dont les citoyens de toutes
classes et conditions, laïques ou ecclésiastiques,
l'enveloppaient de vive sympathie. Équilibré de
corps et d'esprit, prudemment audacieux, homme
de Dieu et des hommes, il eut l'extraordinaire
chance d'avoir pour archevêque celui qui, dans toute

la hiérarchie, était le mieux ajusté à son tempérément moral et intellectuel. Pendant vingt-cinq ans, il fut « le bras droit du cardinal Gibbons ». Ils se ressemblaient et s'entendaient si bien, que l'histoire aura peine à discerner de qui vinrent certaines initiatives et décisions, qui ont rendu le nom du grand prélat à jamais cher à tous les Américains, aux catholiques de l'Univers et à tous les nobles cœurs. Celui-ci ne fit jamais une démarche importante, sans le conseil et l'approbation du Supérieur. On s'en rendra compte, en lisant la *Vie du cardinal*, de M. Allen Sinclair Will (ch. VIII, IV, X) [1]. Aussi quand il mourut en décembre 1902, Gibbons pouvait dire : « J'ai perdu ma droite. J'avais une confiance absolue en son jugement, en son habileté et en sa loyauté. »

Quand M. Dyer, Américain d'origine, homme de haute valeur lui aussi, était le successeur médiat de M. Magnien à la tête du séminaire, la maison avait 265 chambres et devait recevoir plus de 400 élèves. En 1921, Mgr Curley, qui avait remplacé le cardinal Gibbons, fit immédiatement siennes les préoccupations du Supérieur, et décida de construire un nouveau grand séminaire. Trois millions de dollars, c'est-à-dire environ 77 millions de francs, furent jugés indispensables. On commença à bâtir en 1927, quand le tiers de l'argent eut été assemblé. Entre temps, M. Dyer était mort et avait été remplacé par M. Fenlon, un jeune, savant, intelligent, aimable

1. Éditeur Téqui, Paris.

et adroit enfant de Chicago, le deuxième provincial des sulpiciens des États-Unis.

Il activa vigoureusement la construction. La nouvelle maison a un emplacement ravissant près d'un grand parc, en pleine campagne couverte d'arbres, à trois quarts d'heure de la ville. Elle est un magnifique monument style Renaissance, en forme d'E, avec plus de 400 chambres de séminaristes, dont 325 étaient occupées dès octobre 1929.

*
* *

On célébra la Dédicace du nouveau séminaire le 5 novembre 1929. De tous les coins des États-Unis, on était accouru rendre un hommage de sympathie aux maîtres sulpiciens. Soixante-deux archevêques et évêques étaient présents, avec le nonce apostolique, Mgr Fumasoni di Biondi. Il y avait bien 2.500 prêtres, vicaires, curés, professeurs et monseigneurs. En tout plus de 5.000 personnes.

Le matin, le Nonce célébra une messe pontificale. A trois heures, des adresses furent lues par M. Fenlon, par l'évêque auxiliaire de Baltimore, et par M. Jenkins, un parent du sulpicien et bienfaiteur de la maison. Un télégramme de Rome apporta la bénédiction papale « aux prêtres sulpiciens chargés du plus ancien séminaire des États-Unis, à leurs élèves et à tous les assistants ». Le soir, avait lieu dans l'immense réfectoire, un banquet de quatre cents couverts. Le Nonce apostolique présidait. Il ouvrit la série de toasts en déclarant que « le Saint-Père, désireux de voir donner à ses prêtres une solide formation du corps et de l'esprit, était très satisfait de la situation présente de l'Église et du clergé en Amérique ». Après lui, parla le Gouverneur du Maryland. « Notre État est petit, dit-il, mais il s'enorgueillit d'avoir été l'initiateur de la liberté religieuse en Amérique. Il n'est pas moins fier d'avoir envoyé plus de 3.000 prêtres à tous les coins de notre République pour prêcher la doctrine de ceux qui fondèrent cet État ( les catholiques Calvert dont Lord Baltimore). -» « Aucun fronton ne pouvait mieux convenir à cet établissement, dit le Maire de la ville, que celui qu'on a choisi et qui représente le Christ enseignant ses apôtres. Nous sommes heureux qu'une maison comme cette école de prêtres pour toute l'Amérique soit chez nous. » L'ambassadeur Paul Claudel insista sur le travail admirable, réalisé par les missionnaires de France aux États-Unis et en particulier par les Messieurs de Saint-Sulpice. Ce lien spirituel unissant les deux Républiques, plus que les autres, était indissoluble. « Pour moi, dit le juge de la Cour suprême des États-Unis, M. Butler, je suis heureux d'enfreindre ma résolution de ne pas faire d'adresse publique, pour venir déclarer ici que le bien réalisé dans ce sanctuaire du savoir, n'est pas limité à l'Église et à ses fidèles. Il s'étend à toutes les catégories de la République, et contribue au mieux-être et à la protection de la nation. » L'archevêque de Baltimore termina la série des toasts, en exposant tout ce qui avait été fait jusque-là, et ce qui restait à faire pour payer les dettes et achever l'édifice commencé. Il était plein de confiance. Il insista sur l'admiration qu'il vouait aux prêtres de Saint-Sulpice — dont il n'était pas l'élève — mais qu'il avait appris à connaître en arrivant à Baltimore. Loin de vouloir jamais s'imposer à l'administration diocésaine, ils avaient toujours été prêts à suivre ses moindres désirs et à la servir.

Que la Compagnie fondée par M. Olier soit humblement fière de tant de témoignages tombés de si haut. Le bien que ses sujets ont réalisé aux États-Unis par leur dévouement, leur éloignement de l'intrigue, leur sens chrétien, équilibré et réaliste, par leur franche adaptation à la vie et aux institutions américaines, est profond et durable. Il est proclamé au dedans et au dehors de l'Église. « Amenés ici, écrivait le 6 novembre un éditorial du *Sun*, le grand quotidien de Baltimore, par les désordres de la Révolution française, une poignée de prêtres jetèrent les fondements d'une école dont le cardinal Gibbons dira plus de cent ans après :

« L'arrivée de ces hommes a été une bénédiction singulière pour ce pays. Les sulpiciens ont formé et modelé le caractère des jeunes gens se préparant à la carrière ecclésiastique. Ils ont été les premiers maîtres du clergé des États-Unis. Ils ont donné aux catholiques l'idée de ce qu'un prêtre catholique doit être. » (Puis-je dire en passant que je fus très heureux de voir le *Sun* citer le cardinal Gibbons, ce grand ami de Saint-Sulpice, dont les services, le nom et le souvenir ne furent pas mentionnés le jour de la Dédicace où je me trouvais...) Le *Sun* continue : « Le séminaire, avec le temps, est devenu plus utile et encore plus apprécié. Des élèves y sont accourus de tous les coins du pays, et ses anciens comptent parmi les plus distingués représentants de l'Église catholique. Sa réputation n'a jamais été à un niveau plus élevé qu'aujourd'hui. Elle paie la rançon de ses succès, en étant obligée de trouver un plus large emplacement, pour loger le nombre toujours croissant de ses pensionnaires. Ce qui a déjà été fait pour trouver l'argent et bâtir la nouvelle grande maison, témoigne éloquemment de sa vigueur et de sa force. Le peuple de Baltimore de toutes les croyances, sera unanime à lui souhaiter un avenir qui dépassera les promesses de son passé. »

La France aussi peut être fière de ses sulpiciens. Le bien fait en Amérique, avec les mêmes méthodes de sage et prudente audace, de réalisme et de modération chrétienne, ne l'ont-ils pas réalisé encore mieux chez nous ? Dans les grandes crises de notre catholicisme, ils surent éviter tous les extrêmes. Si on les eût mieux suivis, bien moins de ruines matérielles, morales et intellectuelles auraient été accumulées pendant cent cinquante ans.

# CHAPITRE VIII

## Les chances actuelles du catholicisme.

Sommaire : *Il répond aux exigences de l'âme américaine, mais il a peu de prestige intellectuel. — Les différences raciales reparaissent après la guerre entre catholiques. Elles s'affaiblissent tous les jours.*

Me trouvant à Harvard, en octobre 1923, j'en profitai pour voir M. Peabody, dont je connaissais le beau travail *Jesus-Christ and the social question* que j'avais cité plusieurs fois dans des ouvrages analogues. Il m'invita à déjeuner avec l'illustre Président Lowell, M. Richard Cabot et d'autres professeurs. M. Peabody, maintenant en retraite, a, pendant de longues années, été le professeur de *Mœurs chrétiennes* à l'université. C'est un unitarien, esprit ouvert et modéré. Nous abordâmes ensemble bien des sujets. Entre tout ce qu'il me dit, une réflexion me frappa, que je n'avais pas directement provoquée : « L'Église catholique, me dit-il, a en Amérique une grande opportunité, mais je ne crois pas qu'elle en profite. *The catholic Church has a great opportunity in America, but she will not seize it.* »

Cette phrase est restée ancrée en ma mémoire. Je l'ai souvent répétée depuis. J'essayai dès lors de vérifier le bien-fondé de son contenu. Au cours de mes trois voyages ultérieurs aux États-Unis, elle servit de ligne directrice à mes observations.

Que le catholicisme ait la chance pour lui, à cette heure, qui peut en douter? Gibbons, Ireland et leurs amis ont détruit le préjugé qui le faisait considérer comme une religion étrangère, sinon opposée aux institutions, aux mœurs et à l'âme américaine. Eux morts, certaines maladresses n'ont pu encore mettre en péril leur victoire. Bien loin de répugner au caractère américain, le catholicisme coïncide avec lui. Le Yankee est, avant tout, un actif, un pragmatique. Il ne se perdra jamais dans la forêt des spéculations métaphysiques. Qu'on lui donne pour son action dans la famille, dans le travail, dans la politique, un point d'appui ferme, un credo clair et raisonnable, à l'abri des subtilités, des variations, des doutes et des destructions de l'esprit, il y adhérera immédiatement. Tous les grands convertis américains ont cherché, avant tout, dans le catholicisme un abri, sous lequel ils pussent se dévouer, se sanctifier, faire du bien, sans avoir à craindre les résistances de leur sens propre, de leurs passions et de leurs ignorances. Le philossphe Brownson écrivait à celui qui devait être le P. Hecker, encore non converti : « Votre dévouement doit être réglé et dirigé par la discipline de l'Église : il faut être catholique. » Le P. Hecker devenu catholique dira lui-même que l'Église est le meilleur garant des inspirations.

Pour distinguer, écrit-il, si les mouvements intérieurs viennent ou non de l'Esprit saint, il faut avoir recours à l'autorité de l'Église. Cette règle *pare à tout danger*, et avec elle l'âme peut marcher, *courir ou voler à son choix*, en toute sécurité et parfaite liberté, dans les voies de la sainteté.

Il considéra la définition de l'infaillibilité comme la sauvegarde des plus nouvelles et plus audacieuses initiatives.

Elle nous donne toute liberté de tourner notre attention vers d'autres objets et de cultiver d'autres vertus.

Il y a des hommes, écrit son biographe, qui croient que l'autorité de l'Église raidira leurs membres; il avait hâte de leur expliquer qu'elle leur rendl a liberté, affranchit leurs esprits du doute, donne à leurco nviction l'intensité d'une certitude instinctive, et porte les facultés intellectuelles à une activité dont la force n'est pas soupçonnée en dehors de l'Église.

Ce point d'appui solide, que fournit l'Église catholique, les Américains ne peuvent le trouver dans les diverses religions à leur portée. Le judaïsme très répandu à côté d'eux — il y a 8 millions de Juifs en Amérique et 1.000.000, à New-York seulement — ne leur inspire, comme secte, aucune sympathie. D'ailleurs il est divisé en groupes ennemis, orthodoxes, modérés et libéraux. « Les variations dans leur croyance sont très considérables, allant de l'orthodoxie la plus extrême qui a conservé le foi presque, sinon tout à fait intacte, jusqu'aux « réformés extrêmes » qui se distinguent à peine des rationalistes théistes et même des agnostiques [1]. » Plus divisés et plus incertains encore sont les protestants. Ils ont, à cette heure, aux États-Unis, 143 sectes officiellement reconnues [2].

L'auteur unitarien, M. Lyon, que je viens de citer, écrit dans la préface d'un livre préparé à la requête de la « Société unitarienne de l'École du Dimanche », et intitulé *Une étude des sectes :* « Mon application, à ce sujet, et les consultations que j'ai eues avec plusieurs hommes représentatifs, m'ont surpris en me révélant l'état de confusion et de changement où toutes les croyances, sauf celles des catholiques romains, se trouvent à cette heure [3]. »

Dans une Église épiscopalienne de New-York, appartenant à un corps religieux qui passe pour conservateur, j'ai entendu chanter un cantique composé par le Recteur, le Rév. Grant, où il y avait cette phrase : « Seigneur, envoyez-nous des hommes qui ne soient pas des *hommes des anciens credo !* » Il serait cependant injuste de ne pas reconnaître que le Rév. Grant, qui a donné depuis sa démission, est une exception. Il y a chez les épiscopaliens des âmes d'élite et très chrétiennes. Mais le protestantisme américain actuel semble souvent un code de bienséances morales et même d'hygiène, emprunté à l'Évangile, enluminé d'images plus ou moins

1. *A study of the sects,* by William H. Lyon, 1891.
2. *Ibidem,* p. 75.
3. *Ibidem,* p. 3.

nombreuses et artistiques, pour plaire à l'imagination et aux yeux. Il émousse les décisions de l'esprit.

Sur ce sable mouvant, ceux qui tentent de s'engager ne peuvent avancer. Ils s'enlisent. Ils cherchent, espérant trouver un sol ferme qui leur permette d'aller de l'avant, de penser et d'agir. Ils voudraient surtout sauver Celui qui a les paroles de la vie éternelle, et que les protestants semblent abandonner à tous les doutes, à toutes les négations, à tous les mépris du libre examen. Ils le voient ravalé au niveau des névrosés et des hystériques illuminés. Des millions d'âmes religieuses, parmi eux, tremblent pour Jésus. Anxieuses, elles s'ingénient pour conserver intact à l'humanité cet inappréciable trésor, en le soustrayant aux ravisseurs de sa dignité et de ses prérogatives d'Homme-Dieu.

A côté de ces chercheurs d'un divin où l'âme puisse s'accrocher et se suspendre solidement, il est d'autres chercheurs, plus terre à terre, plus préoccupés de l'intérêt et de l'avenir de la cité temporelle. Ceux-ci demandent à la religion une protection contre les envies d'en bas, toujours prêtes à se jeter sur l'autorité, sur la propriété légitimement acquise, sur l'ordre social, pour les renverser, les piétiner et instaurer l'anarchie, mère des despotismes ; ceux-là veulent, au contraire, une religion qui n'hésite pas à s'attaquer aux égoïsmes d'en haut, conservateurs de tous les abus, sanctificateurs de tous les mépris des nantis et des forts pour l'indigence et la faiblesse, et qui arrêtent l'humanité dans sa marche vers plus de mieux-être moral et matériel, vers plus de fraternité et de civilisation.

Or il ne semble pas que le catholicisme ait encore réussi à faire admettre aux Américains qu'il rencontreront en lui, les apaisements spirituels et sociaux qu'ils cherchent. Nous ne disons pas qu'il ne peut donner ces apaisements, nous disons qu'il ne s'offre pas à l'âme des citoyens des États-Unis avec assez d'évidence, pour qu'on puisse espérer la voir, un jour prochain, satisfaite et conquise.

Au milieu de l'anarchie des sectes protestantes, juives et autres, le catholicisme est apprécié comme une organisation forte et un ferme soutien de la conservation sociale, surtout par ceux-là qui plus que les autres ont le sens de l'ordre, car il leur laisse aujourd'hui la paisible jouissance de leurs droits de chefs, de propriétaires ou de financiers. Il n'est pas rare de trouver des maîtres de mines ou d'usines, protestants ou incrédules, construisant à leur frais des églises ou des chapelles catholiques, où les ouvriers irlandais, polonais et italiens apprendront le respect et l'obéissance qu'ils attendent légitimement. Pour ces gens-là, le catholicisme est avant tout un gendarme. Souvent ils le méprisent comme étant la religion de leurs domestiques et de leurs ouvriers [1]. Aussi dès qu'ils entendent des ecclésiastiques romains parler du droit des travailleurs, de l'amélioration de leur sort,

---

1. Je n'aime pas votre damnée religion, disait un jour à un catholique, le Président Roosevelt, mais j'avoue qu'elle nous rend bien service. »

au besoin par la grève, ils froncent le sourcil. L'archevêque de Chicago, ayant dit une fois à ses prêtres que, dans les luttes entre le capital et le travail, ils devaient toujours se rappeler de quelle classe eux-mêmes sortaient, grand fut le scandale chez les magnats des trusts et de la finance. J'en ai recueilli l'écho dans beaucoup de salons.

Au temps de Gibbons et d'Ireland, les catholiques ne possédaient pas d'élite intellectuellear tistique, scientifique ou théologique se désignant à l'attention des esprits cultivés de la nation. Mais ils avaient ces grands hommes d'Église, vrais charmeurs et favoris du peuple, qui s'imposaient à l'admiration et à l'amour de tous. L'ère de ces conquérants de sympathies populaires semble passée, et le catholicisme n'a pas encore de prestige intellectuel. Ni dans le clergé séculier, ni dans le clergé régulier, ni parmi les laïques, il ne s'est élevé, à ce jour, des historiens, des savants, des écrivains, des artistes qui inclinent devant eux, leurs concitoyens dans l'unanimité de la louange. Une exception serait à faire pour le sociologue Ryan, pour l'écrivain Agnès Repplier et l'historien Carlton Hayes, qui ont un prestige national.

De redoutables problèmes se posent dans les livres, les chaires d'écoles, d'universités et même des journaux, problème du néo-humanisme faisant table rase de toute religion, du behavourisme, du freudisme, de la dissolution des sectes protestantes, de l'agnosticisme arrogant ou doucereux, du pragmatisme matérialiste ou affairiste. Sauf quelques esprits d'élite vivant dans leurs cabinets, craignant de dire en public leurs préoccupations, il ne semble pas que la grande majorité des catholiques et de leurs leaders aient conscience de la gravité des dangers pour demain. Ils sont cloîtrés dans leur relative prospérité. Ils ne s'aperçoivent même pas que beaucoup de leurs coreligionnaires laïques commencent à lire, à étudier, à discuter et à réfléchir. Ces problèmes les approchent de tous côtés et menacent leur foi.

« Seul, le catholicisme, m'ont répété plusieurs épiscopaliens, est en mesure de sauver le christianisme en Amérique. » Mais on ne voit pas encore à l'œuvre les docteurs de choix, travaillant à ce sauvetage et s'imposant à l'attention, sinon à la confiance, des remueurs d'idées et des âmes troublées.

Ce manque de prestige intellectuel explique, en partie, pourquoi le clergé américain est souvent tenu à l'écart par les aristocraties de l'esprit, et même par celles qui s'imaginent que l'argent en tient lieu.

Défaut aussi d'un certain prestige civique. Je m'explique.

Il s'agit principalement du champ de la politique. Certains ont pris dans les plus grandes capitales américaines, une influence que leur nombre et leur courage expliquent. On les désigne comme collaborant à la corruption civique, et comme promoteurs, ici ou là, du système du *boss*, agent à tout faire des politiciens contre lequel protestent les honnêtetés de tous les partis. Ils se seraient emparés de Tammany, à New-York, ce vieux club où l'on dresserait les aventuriers de la politique. Telle est, du moins, la réputation que lui ont faite ceux qui se croient purs et intègres. Les intérêts se lient pour confondre dans une même réprobation ces politiciens combatifs et le catholicisme, leur religion, qu'ils compromettraient au cours de leurs entreprises électorales.

Fondés ou non, ces préjugés diminuent la force d'attirance du catholicisme.

Il en est d'autres. Un Français entendit un jour le cardinal Gibbons lui dire que l'abondance d'argent serait un sérieux obstacle pour l'Église aux États-Unis. Elle y est riche, car ses fidèles sont très généreux; elle bâtit beaucoup de presbytères, d'écoles, de collèges, d'universités, d'édifices pour le culte. Peut-être parle-t-on trop de dollars; peut-être l'argent absorbe-t-il trop les préoccupations. Le sincère détachement des biens de ce monde a plus d'action sur les âmes nobles que la pompe et l'ostentation des édifices ou des liturgies.

J'ai déjà parlé du reproche fait au catholicisme américain, par quelques-uns de ses représentants les plus éminents, sur son «sacramentalisme». Par ce mot, ils désignent une certaine facilité dans les pratiques rituelles où l'âme a petite part et s'alliant parfois à des procédés expéditifs en affaires et en politique. Ce sacramentalisme militarisé embrigade souvent des milliers de personnes. A tort ou à raison, on le tient pour une parade. Son emprise sur les cœurs et les esprits est faible, surtout parmi les protestants qui, eux, exagèrent jusqu'à l'inhumanité et l'hypocrisie l'effort de tenue rigide.

Des divisions et rivalités qui transpirent au dehors éloignent aussi du catholicisme. L'université de Washington a été construite à côté de l'université de Georgetown, fondée un siècle avant elle. Ces deux établissements qui poursuivent le même but, se nuisent. Les religieux, de leur côté, tiennent parfois peu compte de ce que font leurs voisins. Ils bâtissent collèges, universités, couvents et églises, sans se demander s'ils répondent à une nécessité. La maladie de la pierre est incurable.

J'ai dit quel déchet considérable représenterait l'émigration pour le catholicisme américain. Ses fidèles sont 21 millions à cette heure, en y comptant les anciennes colonies espagnoles. Ne devraient-ils pas être 30 millions, si le contingent venu d'Europe était resté fidèle... ? Je sais que quelques-uns nient cette possibilité.

L'effort de prosélytisme à l'égard des protestants paraît timide et peu efficace. Les conversions qu'on enregistre sont dues surtout aux mariages. Le catholicisme n'a pas d'action sur le protestantisme, parce qu'il n'a pas encore le prestige nécessaire pour tirer parti de son opportunité ou peut-être, aussi, parce qu'il se renferme trop dans sa tour d'ivoire. C'est ce que lui reproche un prêtre, M. Schumacher, dans *The ecclesiastical Review*, qui attribue la moitié d'un converti protestant à chaque prêtre américain.

Il n'est pas possible, écrit-il, de concevoir les chefs de l'ancien clergé séculier ou régulier, absorbés par les devoirs de leur paroisse ou de leur collégiale jusqu'à oublier complètement « l'autre troupeau » (les protestants). Vous ne pouvez vous les représenter avec des airs préoccupés, attendant d'être découverts par les prodigues, dans des chambres plutôt confortables. Un exemple seulement : saint François de Sales et son petit bataillon sortirent à la recherche des brebis, et ils convertirent 30.000 hérétiques. Il n'est pas possible de se représenter ce saint, curé d'une importante église, employant le moment du sermon en des annonces locales, et passant la semaine en visites de malades, en camaraderies ou en lectures ! Un pasteur de Denver a dit que, si les temps de saint François ou de saint Charles revenaient, il ne resterait pas un seul épiscopalien dans les États-Unis [1].

Je n'en suis pas aussi convaincu. L'obstacle, en effet, le plus formidable à la conversion des protestants, sera, je le crains, la désaffection de cet élément anglo-saxon, si nombreux chez les épiscopaliens, à l'égard du catholicisme qui tend et plus que jamais à tort, à se présenter au regard des Américains, sous un angle ethnique particulier : « Rien ne me retient plus dans mon Église, m'avouait un très distingué pasteur de la haute Église, mais je voudrais être assuré, en la quittant, de trouver de quoi vivre et de n'avoir pas affaire avec certaines gens. »

J'ai dit avec quelle sollicitude, durant sa longue carrière d'évêque et de leader spirituel, Gibbons s'appliqua à faire disparaître les différences raciales dans le clergé. Visant un plus grand bien, il avait

1. *Ecclesiastical Review*, août, 1921, p. 148.

semblé abandonner les immigrants à l'irréligion et au protestantisme, en combattant, et avec vigueur, Cahensly qui prétendait donner à chaque groupe ethnique des prêtres de même langue et de même race. Là où il ne devait y avoir qu'une nation, il ne fallait qu'une église nationale. L'archevêque de Saint-Paul, Ireland, ami et émule de Gibbons, synthétisait leur pensée commune quand il déclarait : « Nous condamnons en Amérique un nationalisme allemand aussi bien qu'un nationalisme français ou irlandais. »

Or, la guerre qui a accéléré la fusion de la nation américaine dans l'ensemble, paraît avoir retardé l'assimilation des éléments catholiques d'immigration récente, et créé une situation plus difficile que celle contre laquelle Gibbons avait lutté. J'aborde un sujet délicat. Je le traiterai sans parti pris, n'ayant en vue que des intérêts supérieurs.

J'aime et j'admire l'Irlande et son catholicisme. Piétiné et persécuté trois siècles durant, son peuple a été là où le chassait l'intolérance de ses oppresseurs, le plus redoutable et intraitable adversaire de l'influence anglaise. En Australie, aux États-Unis, même dans les Iles Britanniques, il parle la langue de son persécuteur dans le club, dans les journaux, dans les partis, jusque dans les chaires et il le combat inlassablement. La haine de l'Angleterre qu'on rencontre partout, ardente, en ces pays, tenace et entreprenante, est son fait.

Il n'existe pas, de par le monde, fidèles plus dévoués à leurs prêtres que les fidèles irlandais. Ils les aiment, les respectent et leur obéissent.

Avec une délicatesse infinie, ils jettent sur leurs fautes, quand ils en découvrent, le manteau de leur silence et de leur discrétion. Ils souffrent de les voir souffrir dans leurs biens et leurs affections. Ils se privent du nécessaire pour leur assurer une vie décente et confortable. J'ai vu de près ces attentions et ces délicatesses si touchantes. Le prêtre est pour l'Irlandais, non seulement le gardien et le consolateur de son âme, mais le compagnon de ses souffrances, le soutien de ses luttes pour le triomphe de la justice en la commune patrie.

La guerre lui fut une occasion de secouer le joug abhorré de l'Angleterre. La justice ne pouvait être du côté de sa vieille ennemie.

Gibbons n'était pas né en Irlande, mais il y avait vécu jeune. Ireland était aussi d'origine irlandaise. Ils s'adaptèrent si bien à l'âme jeune et entreprenante de l'Amérique, qu'on ne surprit jamais, sur leurs lèvres ou dans leurs gestes, rien qui laissât supposer qu'ils voulaient irlandiser le catholicisme américain.

Grâce à leur action lente, courageuse et souvent méritoire, même les catholiques, dont les sympathies raciales et les haines accumulées avaient favorisé, au début de la guerre, l'Allemagne et ses alliés, se rangèrent sans trop hésiter autour du drapeau américain. Beaucoup rivalisèrent avec les autres confessions de dévouement dans les œuvres militaires de tout genre. Ils montrèrent que si leur souvenir se reportait quelquefois vers les terres lointaines, d'où la pauvreté avait chassé leurs parents, à cette heure de difficultés pour les États-Unis, leur cœur, leur vie appartenaient sans réserve à la patrie adoptée. Cette attitude, œuvre du génie prévoyant du pur Américain Gibbons et de ceux qu'il inspirait, valut définitivement le droit de cité au catholicisme.

La guerre finie, les raisons de sentiment et d'intérêt qui avaient uni les catholiques autour du *Stars and Stripes*, perdirent de leur force. Les déceptions d'une défaite pour ceux d'origine germanique, l'oubli inique des longues souffrances de l'Irlande et de ses trop justes réclamations, les déceptions italiennes qui s'agitaient surtout autour de la France, réveillèrent les particularismes et les colères raciales calmées ou assoupies. Il manqua une main sage pour les apaiser, comme au temps de Cahensly. Une explosion de fureur se déchaîna contre le traité de Versailles, contre l'Angleterre et contre la France. Certains organes catholiques dénoncèrent violemment le militarisme anglais ou français, et se lamentèrent sur les mauvais traitements infligés, avec une criante injustice, aux vaincus. On se mit à les dégager des responsabilités de la guerre [1].

Un phénomène curieux se produisit. Des gens qui, ayant cette guerre, étaient en lutte ouverte,

1. On trouvera sur ces questions des renseignements suggestifs dans une brochure, *La charité et la Justice parmi les nations*, que je publiais en 1924, pour répondre à un article du Dr Ryan de Washington, dans *The catholic World*.

« Il y appelle le traité de Versailles : *Infamous document*. Il ne dit pas d'ailleurs pourquoi.

« Que doit-il donc penser du traité de Brest-Litvosk et

se réconcilièrent dans la haine commune des alliés. Ils oublièrent l'Amérique et les sages recommandations de Gibbons.

Ceux trop compromis pour prendre la tête du mouvement se firent discrets, supprimèrent plusieurs journaux en leur langue, mais, à peu près partout, s'unirent politiquement aux autres dans leur action de revanche.

Les Irlandais sont maintenant en majorité dans les grandes capitales américaines : New-York, Boston, Chicago, San-Francisco. Ils y occupent mairies et municipalités. Ils disposent par leur influence, en raison de leur nombre et de leur

même de certain traité concernant Panama et la Colombie? Je ne suis pas certes un admirateur du traité de Versailles. Je crois cependant qu'un document qui pour la première fois, institue une Société des Nations dont plus de 50 peuples font partie, dont l'idée a suscité l'éloge des papes (qui, par le fait de l'Italie, en ont été exclus), et qui n'a d'ennemis réels aux États-Unis que parmi quelques surnationalistes; dont l'action a déjà donné des résultats pacifiques; un document qui consacre le relèvement de la Pologne, qui essaie de reconstituer l'Europe centrale, ce foyer de guerres, sur des bases plus rationnelles, qui satisfait, dans la mesure possible les aspirations des autres nationalités; un traité qui est la sanction de l'union sacrée des peuples dans une sorte de croisade en faveur de la justice, ne mérite pas cette épithète d'ailleurs trop inexpliquée. Pour moi, je pense du traité de Versailles qu'il ne fut pas fait par des hommes ayant, à la fois, le sens de l'idéal de la civilisation humaine et des réalités européennes. Ils avaient de vagues aspirations vers je ne sais quel humanitarisme imprécis et ils entendaient, coûte que coûte, suivre les inspirations de l'égoïsme sacré et tirer l'épingle du jeu pour leur nation. » *La Charité et la Justice parmi les nations.*

activité, d'une foule de journaux; ils disposent surtout de l'influence du clergé catholique qui, dans sa hiérarchie et ses prêtres, pour plus de la moitié est d'origine irlandaise et pour un gros quart, d'origine allemande.

Profitant de cette situation favorable et de la force qu'ils tirent de leur alliance avec certains éléments, ils semblent monopoliser le catholicisme et travailler à le modeler à leur image. L'histoire, les traditions, la politique des États-Unis, paraissent subordonnées aux exigences de leurs revendications. Dans plusieurs centres, des conflits graves se sont élevés entre eux, et ceux qui refusent de se laisser dominer ou absorber. Au Nord, il y a lutte violente entre l'Irlandais et le Franco-Canadien auquel d'ailleurs je ne donne pas raison [1]. Un peu partout, les uns et les autres ont des difficultés avec les Italiens et les Polonais. Je connais des Américains de vieille souche, qui se refusent à entrer dans certaines églises ne voulant pas, allèguent-ils, entendre des « prédications raciales » [2]. A New-York, la police, ayant dissous une réunion du *Birth control*, fut accusée, avec le maire, d'être aux ordres du

1. Dans la *Revue bleue* de novembre et décembre 1924, p. 660, 699, 736, après une visite au Canada, j'ai expliqué la question irlando-canadienne très aiguë dans l'ouest du Canada et le nord des États-Unis. Elle s'agite surtout autour de la question de la langue. Je pense que les Irlandais sont trop exigeants pour l'anglais dans l'ouest du Canada, et que les Canadiens doivent avoir pour langue principale aux États-Unis, l'anglais.

2. Au mois d'octobre 1929, parlant dans une grande église de New-York, à l'occasion d'une importante cérémonie, un

clergé. Les mêmes accusations sont formulées ailleurs.

Quand un dignitaire, après l'armistice, parut prendre parti pour ceux qui avaient maltraité un drapeau allié, beaucoup de catholiques protestèrent vivement. Un prélat très distingué, me disait : « Nous avons ici trois races que nous n'arrivons pas à assimiler : les Juifs, les Franco-Canadiens et les Irlandais. » Mon interlocuteur était d'origine irlandaise, lointaine, il est vrai, car l'élément revêche à l'assimilation est surtout l'élément qui a émigré, il y a vingt-cinq ans. Le prélat ajoutait : « Cette résistance est la raison principale du Ku-Klux-Klan. J'entrevois pour notre Église de mauvais jours. » Il exagérait, je le dis plus loin.

En août 1929, j'écrivis à un de mes amis, ancien diplomate et fort intelligent, d'une vieille famille catholique du Maryland, le priant de me donner son sentiment sur cette question. Voici sa réponse du 12 du même mois.

« Jusqu'à l'époque de l'immigration en masse, quand les gens venaient en Amérique individuellement ou en petits groupes, ils s'assimilaient vite à une nationalité américaine, basée sur une population anglaise, mais en différant.

« Nous avions une nationalité commune et un civisme commun. Les catholiques étaient complétement et intégralement partie de l'Église uni-

prêtre de la cathédrale de Newark, s'élevait avec véhémence contre Mac-Donald, dont la récente campagne pacifique aux États-Unis, n'était d'après lui, qu' « une misérable hypocrisie. »

verselle dont le centre est Rome. Avec l'immigration en masse, l'assimilation à la nationalité américaine cessa. Les immigrants formèrent des groupes séparés par la race et par la langue. Nous avons aujourd'hui un civisme commun, mais nous n'avons pas de nationalité commune. Dans ces conditions, les catholiques ont tendance à se tenir à l'écart de la vieille communauté américaine, ou à devenir plus américains que les américains. Dans le premier cas, ils inclinent à faire du catholicisme une secte identifiée à un groupe racial; dans le second, pour prouver leur complet américanisme, ils inclinent à se passer du pape dans toutes les affaires pratiques et à le regarder comme un potentat européen. Théoriquement, il est le chef de l'Église. Pratiquement, son autorité s'arrête à Ellis Island. »

Je fis observer à mon ami que je trouvais son point de vue paradoxal.

« Est-il après tout si paradoxal, me répondit-il, qu'appartenant au début, à une nationalité et étant unis entre nous, nous fussions plus réellement partie de l'Église universelle que nous ne le sommes maintenant où nous avons en commun, le titre de citoyens, mais où nous n'avons plus ni même nationalité, ni mêmes coutumes, ni mêmes intérêts ? Nous possédons aux États-Unis une Église allemande, une Église italienne, une Église polonaise, une Église française, et chacune de ces Églises est hostile à l'autre. Plusieurs d'entre elles sont hostiles au Saint-Siège; toutes sont opposées à l'état de choses existant, quand elles arrivèrent en

Amérique ; chacune prétend être « l'Église ». Encore l'an passé, l'un de nos éditorialistes diocésains les plus expérimentés, publiait un article demandant que dans la quête annuelle faite par tout le pays, pour les Noirs et les Indiens, on comprenne les Italiens ! »

Cette réponse de mon ami ne me convainquit pas pleinement. Il existe, je l'ai dit, encore des tendances et des singularités raciales dans le catholicisme américain. La guerre les a rajeunies et exacerbées. Elles se manifestent sur des questions de langue, d'argent, de suprématie de groupes ethniques, mais nulle part ces groupes ne m'ont paru opposés à Rome. Chez aucun, on n'a relevé les tendances à l'indépendance, à la méfiance et à la critique de la curie, qui se sont manifestées ailleurs, surtout dans les crises du modernisme et de l'*Action Française*. C'est vrai : certains ont réclamé leur liberté dans le domaine politique. On ne peut en conclure qu'ils considèrent «l'autorité du pape comme s'arrêtant à Ellis Island. »

Surtout, depuis les lois qui restreignent l'immigration, la fusion des divers éléments raciaux de catholiques, s'opère tous les jours.

Quant aux Irlandais, il y a parmi eux une élite appartenant à des familles arrivées depuis longtemps et même récemment, qui comprennent, toujours mieux, la nécessité de s'américaniser et d'oublier les vieilles querelles et les vieilles haines. Ils ne ménagent pas leurs critiques à ceux de leurs compatriotes qui les compromettent par l'appui donné aux mouvements irlandais, ou leur immixtion dans la mesquine politique des Tammany Hall de New-York et des autres métropoles.

Aussi bien, les fautes d'un certain irlandisme ne doivent pas faire oublier aux catholiques, quels qu'ils soient, les mérites et les services incomparables rendus à leur Foi commune par l'Irlandais. C'est lui qui a bâti la plupart de leurs Églises, qui les remplit constamment, qui paie les prêtres et les religieux ; c'est lui qui dans une société où le culte des dollars et du confortable domine, où le protestantisme se dissout tous les jours et abandonne les temples, où cinquante millions d'américains vivent et pensent en agnostiques, a offert le spectacle de milliers de gens, souvent sans fortune, tout dévoués à un idéal, désintéressés, assidus aux cérémonies de leur culte, proclamant par leurs actes et leurs paroles, la sincérité et la profondeur de leur amour et de leur croyance en Dieu et en son Fils incarné, Jésus-Christ. Leurs vertus familiales, leur justice, leur charité pour tous, leur dévouement et leur héroïsme religieux se sont imposés à l'admiration et au respect des protestants, et même de leurs ennemis politiques. Je puis en témoigner. Leur particularisme si explicable, sinon excusable, par leur longue histoire de persécutés, s'amende sans cesse. L'arrangement survenu et qui s'améliorera encore, entre leur vieille patrie et l'Angleterre, les pacifie. Les cris de douleur de l'Irlande ne les distraient plus. D'exilés meurtris, froissés, vivant à part sur une terre étrangère où le malheur les transporta, ils deviennent eux et surtout leurs enfants, tous les jours plus joyeusement Américains. Ils n'ont plus maintenant qu'une seule patrie. Heureux aux États-Unis, n'étant plus troublés et absorbés par leur ressentiment contre l'Angleterre, ils peuvent se donner sans partage à l'Amérique et s'y consacrer à ceux qui ne sont, ni de leur race, ni de leur religion; ils peuvent porter leur regard plus loin et plus haut, et voir dans le monde entier, les besoins des peuples qui ne sont pas Irlandais pour en devenir, avec d'autres, les missionnaires et les apôtres.

Il est juste d'ajouter que les catholiques, d'origine allemande et franco-canadienne aux États-Unis, font aussi honneur à leur Église.

# CHAPITRE IX

## L'anticatholicisme aux États-Unis.



On croit souvent que le catholicisme se développe aux États-Unis sans difficulté. Erreur de perspective, due au défaut d'objectivité et à l'optimisme calculé de ceux qui ont abordé la question. Sans parler de l'animosité ou du mépris que les diverses sectes protestantes manifestèrent toujours à l'égard du « papisme », de 1830 à 1865, des organisations diverses furent créées pour le combattre et le persécuter. Les plus célèbres ont été, en 1830, la *Native american*, et en 1840, la *Know-Nothing*. Celle-ci fut particulièrement redoutable. Elle ameutait la populace, brûlait ou dynamitait églises, couvents, collèges et même hôpitaux.

Mais la « Know-Nothing » tomba aussi vite et aussi mystérieusement qu'elle était née. Étant, en 1861, curé de Canton, ville de l'État de Maryland, le futur cardinal Gibbons, âgé alors de 27 ans, assista aux derniers spasmes.

Avec la guerre civile, le mouvement de la Know-Nothing disparut tout à fait. Entre elle et le Ku-Klux-Klan, il n'existe aucun lien de parenté, en dépit de certaines ressemblances.

C'est à Pulaski, dans l'État de Tennessee, qu'en 1866, il fut imaginé par six hommes, qui cherchaient « une diversion et un amusement en un milieu où la vie était ennuyeuse et monotone ». Ils crurent les avoir trouvés en fondant une société aussi secrète que burlesque. Ils lui donnèrent d'abord le nom de Kuklos (cercle, anneau), qui se changera par la suite, on ne sait comment, en Ku-Klux-Klan.

Les six gaillards qui avaient eu l'idée du Kuklos n'étaient pas les seuls au Tennessee, à trouver « la vie ennuyeuse et monotone ».

Leur initiative suscita des imitateurs dans plusieurs localités de l'État. Juste à ce moment, le peuple était très monté contre le gouverneur républicain Brownlow, qui venait d'enlever à un grand nombre d'Américains, nés dans l'État, leurs privilèges. Les mécontents se servirent du Ku-Klux-Klan pour lui résister. Le général Forrest fut leur chef. Il centralisa leurs efforts dans une organisation centrale du nouvel ordre.

A l'en croire, il serait arrivé à lui amener 550.000 membres dans le Sud. Il les dispersa quand le but qu'il avait fixé au Ku-Klux-Klan fut atteint. Ce but était la restauration du pouvoir politique des blancs, à l'exclusion des noirs dans ces régions.

En réalité, le Ku-Klux-Klan fut frappé à mort quand la loi l'obligea à quitter ses ténèbres et ses secrets, durant la présidence de Grant.

Cependant, plusieurs de ses groupes, bravant le législateur, survécurent dans l'ombre. Après la guerre mondiale de 1919, le Ku-Klux-Klan reparaît au grand jour dans l'État de Georgie, à l'appel de M. Williams Simmons. D'abord prédicant méthodiste et ambulant (notons ce fait, car le méthodisme a une grande responsabilité dans le Ku-Klux-Klan), il devient ensuite professeur d'histoire méridionale à la petite université Larrieu (Atlanta) et enfin avocat-conseil des « Bûcherons du monde » dans la même ville.

Le Ku-Klux-Klan est l'une des manifestations de ce nationalisme exacerbé qui surgit alors chez tous les peuples de la planète. Il entend réaliser le « pur américanisme ». Son ancêtre du Tennessee s'opposait à la mainmise des noirs sur la politique dans les États du Sud; lui combat tout ce qui n'est pas « cent pour cent américain », comme il dit en son jargon. « Notre affiliation, lisons-nous dans un de ses manifestes, en 1921, se limite aux Américains Gentils. Les juifs en sont exclus parce qu'ils ne professent pas la religion chrétienne, base de la civilisation. Nous excluons aussi les catholiques, parce qu'ils doivent obéir à un pouvoir étranger au gouvernement des États-Unis. » Refusant l'affiliation aux juifs et aux catholiques, combattant dans tous les domaines de la vie publique les premiers, comme parasites et inassimilables, les seconds comme relevant d'une autorité étrangère, ils déclarent aussi la guerre aux nègres, race inférieur. Aujourd'hui, ils sont surtout antijuifs et anticatholiques.

Ils prennent plaisir à épater leurs bourgeois encore un peu enfants. Leur chef est un « Impérial Wizard » (sorcier). Voici en quels termes il écrit à ses chevaliers :

« A tous les Génies, Grands Dragons, Hydres du Royaume, Grands Goblins et Kleagles des Domaines, Grands Titans et Furies des Provinces, Géants, Cyclopes, Exaltés et Terreurs des Klantons, à tous les citoyens de l'Empire invisible, chevaliers du Ku-Klux-Klan. Au nom de nos vaillants et vénérés morts, salut affectueux. »

Ils se réunissent parfois par milliers, la nuit, sur une montagne, autour de feux allumés, couverts d'une robe blanche, ayant sur la figure un masque en casque à mèche. Les metteurs en scène de ces comédiens ne perdent pas de vue leurs profits. L'initiation coûte 10 dollars; la robe blanche et le bonnet, 6 dollars 50, mais ne valent qu'un dollar 50.

L'« Impérial Sorcier » s'est vanté, en 1922, d'avoir 2 millions de chevaliers. Il a donc ramassé en cinq ou six ans, la bagatelle de trente millions de dollars. Ces chiffres, révélés par la presse, ont fait ouvrir les yeux et dresser les oreilles. L'initiation des dupes s'est ralentie et beaucoup d'ingénus ont quitté « l'invisible empire » en faisant claquer les portes.

Cet « empire » a abandonné les États du Sud et essayé de s'étendre dans les États de l'Ouest et du Nord : Orégon, Oklohama, Colorado.

Voici comment le P. Gillis, pauliste, directeur du *Catholic World*, résumait, en 1922, ses exploits :

« Au témoignage du *World* qui a fait une enquête méritoire, d'octobre 1920 à septembre 1921, on doit mettre au compte du Klan 4 meurtres, une irréparable mutilation, une marque à l'acide, 41 fustigations, 27 cas de goudronnage et d'emplumage, cinq enlèvement d'enfants par des bandes sans scrupules, travesties et coiffées de bonnets.

« En 1922, la situation empira, le sénateur Walsh, du Massachussets, s'adressant à l'Attorney général Daugherty, cite une lettre qu'un avoué du Texas lui a écrite :

« Je ne crois pas exagéré de dire que le Texas, durant les dix-huit mois écoulés, a eu 500 cas de goudronnage et de fustigation, sans parler des meurtres, des attaques et d'autres offenses contre les personnes. Des vingtaines de lettres de menaces furent envoyées aux victimes de cette horrible conspiration, leur ordonnant, en plusieurs circonstances, d'abandonner leur maison; des femmes furent goudronnées et emplumées, des vieillards sans force subirent leurs odieuses offenses, des jeunes filles de moins de vingt ans, non nubiles, victimes de ces lettres, ont été obligées d'abandonner leur maison à cause des calomnies et des ignominies lancées contre elles.

« Autant que je puisse savoir, aucun de ces criminels n'a été amené devant les tribunaux. A Waes, résidence du gouverneur du Texas, les agents de police arrêtèrent trois hommes masqués et coiffés, avec leurs victimes, qu'ils traînaient couvertes de goudron chaud et de plumes. Le grand jury vota « non coupable ». A Pallas, forteresse du Klan, on assure que cinquante hommes au moins ont été fouettés en un seul endroit. Un personnage important dans la vie commerciale de la cité fut enlevé à son foyer et à ses filles en bas âge et sans mère, pour être battu. Un de ses enfants, une fille, fut jetée par terre et maltraitée, en essayant de défendre son père.

« A Temha, une femme fut goudronnée, emplumée et battue avec une corde mouillée, parce qu'elle s'était mariée une seconde fois.

« A Austin, principale ville de l'État, de nombreux outrages ont été commis contre les individus. Chaque petite ville, chaque hameau ou cité de l'État, à de rares exceptions, a eu ses « petites fêtes patriotiques » dont le clou était le goudronnage, l'emplumage et les coups de corde humide. Le peuple des États-Unis serait abasourdi si on pouvait lui révéler la vérité sur cette organisation dans le Texas.

« Le gouverneur de la Louisiane crut nécessaire de faire une visite personnelle au Président Harding, pour lui demander la coopération fédérale dans une campagne contre les outrages du Klan... La situation du Texas et de la Louisiane disent clairement où en sont les choses dans le Sud et le Sud-Ouest. »

Un fait donne une idée de sa force politique. Je veux parler de l'attitude des trois grands partis à son égard, à la veille des élections de 1924. Le *Catholic World* d'août 1924, la signalait ainsi :

« Les républicains ont esquivé la question du Klan ; les démocrates, forcés contre leur volonté de se présenter devant le public comme le combattant, se sont arrangés en fin de compte, pour élaguer la question de leur programme ; les progressistes, libéraux, appelez-les autrement si vous voulez, se sont garés en présentant d'ingénieuses excuses. »

J'ai lu dans le *New York American*, sous la plume du fameux journaliste Brisbane, que plus de la moitié des députés et sénateurs étaient affiliés au Ku-Klux-Klan. Évidente exagération ; mais il a de nombreuses sympathies parmi eux. Il a réussi à en faire élire plusieurs et même à avoir des gouverneurs dans l'Indiana et au Colorado. En février 1925, un de ceux-ci, I. Morley, obéissant aux injonctions de ses électeurs Klansistes, dans une lettre à l'Assemblée de l'État, proposait de supprimer la permission d'avoir du vin pour dire la messe, que donne la loi Wolstead ou de prohibition, car « l'expérience prouvait que l'on abusait trop de cette permission ».

Cherchant les raisons du rapide développement du Ku-Klux-Klan, le *World* (17 septembre 1921) en trouvait deux :

« D'abord, il a réveillé les haines et les préjugés locaux et particuliers. Sur la côte du Pacifique, il a sonné le rappel des Japonophobes, en sussurant à leurs oreilles que le jaune complotait ; et ailleurs, celui des autres Américains, en les persuadant que le noir voulait se révolter contre le blanc. Dans les villes du Centre-Ouest, il a prétendu se livrer à la chasse du radicalisme. Sur la côte atlantique, il a proclamé qu'une femme ou un homme, de naissance étrangère, même naturalisés, n'avaient pas leur place en Amérique. Partout il a banni le juif du nombre de ses affiliés et fait de l'antisémitisme l'une de ses nombreuses obligations. Partout aussi, non moins effectivement mais pas aussi franchement, il a injurié et attaqué les catholiques romains. Là où un notable de cette Église vit, le Klan a déclaré que son premier souci serait de la combattre.

« En second lieu, il doit son développement aux très nombreux aigrefins professionnels qu'il a enrôlés, et qui mettent en coupe réglée un pays par emploi de procédés commerciaux très modernes. Il vend au détail l'affiliation sur la base de quatre dollars pour tout membre entrant dans le Klan. Ces organisateurs payés, ou Kleagles, ne ramassent pas des droits d'entrée, mais chaque nouvel admis fait un don de 10 dollars. Le Kleagle en garde 4 et envoie le reste au Roi Kleagle qui garde un autre dollar. Les cinq dollars restant s'évanouissent dans le trésor impérial de l'Ordre. »

Pourquoi en veut-il tant aux catholiques?

« Des milliers de foyers américains, écrivait M. Wilson Midgley dans le *Daily News* de Londres (23 décembre 1924), sont consternés à la pensée que le pape est sur le point d'avoir sous son contrôle les États-Unis. La preuve, ils la trouvent dans le fait que les Irlandais sont partout dans la politique. Mais le fait que l'Américain ordinaire n'a jamais pris le moindre intérêt à la politique municipale, est une vérité qui n'est jamais entrée dans la tête d'un affilié au Klan. Au lieu de voter contre un catholique qui veut être conseiller municipal, il boycotte son épicerie, il le chasse de ses affaires, ou vide son restaurant [1]. »

A partir de 1924, devant les réactions de l'opinion, l'activité du Ku-Klux-Klan semble prendre une autre allure. En juin 1924, un correspondant du même *Daily News*, de Londres, écrivait de Kansas City à son journal :

« Dans tous les États-Unis, le Klan est maintenant à la deuxième période de sa carrière. Le temps des poses, des parades de cirque, de l'amour de l'argent de la part de ses organisateurs — le fondateur s'est retiré avec une immense fortune, — le prurit de la réclame et du mystère de la part de ses suiveurs sont en train de passer. Aujourd'hui le Klan se mêle de politique et d'affaires publiques. Ses chefs et beaucoup de ses adeptes, surtout les jeunes,

---

1. « On peut se demander, puisque l'Amérique a une politique de tolérance religieuse, pourquoi quelques-uns de ses citoyens sont hostiles aux catholiques, jusqu'à s'organiser parfois pour les combattre. Le Dr Kinsman (dans son récent livre *Américanisme et catholicisme* croit) qu'environ 90 p. 100 des préjugés anticatholiques sont dus à un sentiment de jalousie patriotique pour l'idéal national. Nous ne pouvons le suivre en cela. Nous croyons, au contraire, qu'ils sont dus aux préjugés importés du protestantisme du XVIe siècle, et hérité comme une tradition de l'époque sectaire des premiers colons. Cette rancœur anticatholique a été entretenue parfois pour des raisons politiques et financières ou est le reliquat d'une tradition étrangère dominant notre littérature et nos écoles. » (P. Conway C. S. P. *Catholic World*, mars 1925) — Nous pensons cependant que le point de vue du Dr Kinsmann, n'est pas tout à fait sans fondements.

ne font plus un secret de leur affiliation. Les dignitaires locaux sont souvent très connus. J'en visitai un qui refusa de rien me dire. On ne fouette plus guère les nègres; l'activité présente est principalement anticatholique. Les négociants, employant de jeunes chasseurs catholiques ou des secrétaires juifs, sont poursuivis, intimidés et boycottés publiquement jusqu'à ce qu'ils les renvoient. Le Klan s'est agrégé beaucoup de francs-maçons et un grand nombre de gens graves fréquentant églises et chapelles, du type fanatique. Ceux-ci aidés de jeunes écervelés surexcités et bornés, ont provoqué les formes les plus basses des haines personnelles religieuses. »

L'opinion a cependant vigoureusement réagi contre le Ku-Klux-Klan. Si les politiciens n'osent pas ouvertement le condamner, ils n'osent pas davantage l'approuver. Le 6 septembre 1921, le grand journal démocrate de New-York, le *World*, entreprenait une campagne pour démasquer, avec force documents, les menées de cette organisation secrète. Elle dura plusieurs mois et une grande partie de la presse lui fit écho dans tout le pays. A un moment, il fut question de nommer un Comité pour faire une enquête et dissoudre le Klan par mesure de salut public. Quelques politiciens de l'un des États où il a le plus d'adeptes, s'interposèrent pour empêcher sa mise en accusation.

La plupart des groupements religieux se sont unis pour réprouver cette institution, comme ennemie du christianisme et de l'idéal américain.

Les plus tièdes ont été les méthodistes qu'on soup-
çonne, non sans motif, d'encourager le Klan.
Cependant, même parmi eux, beaucoup ont
protesté contre lui. Le *Christian Advocate*, une
de leurs publications des États du Sud-Ouest,
écrivait en septembre 1921 :

« Le Klan frappe au cœur les plus chers principes
américains et le meilleur de la vie américaine. »
A la même époque, le Rév. C. F. Smith, évêque
de l'Église épiscopalienne méthodiste, déclarait
que les doctrines et procédés du Klan étaient pure
folie. Stigmatisant son hostilité à l'égard des catholiques, l'évêque Smith disait que l' « Imperial
Sorcier » n'était pas digne d'essuyer leurs souliers.
Il parlait en même temps des religieuses catholiques,
« ces êtres bons et silencieux, patients, renoncés,
dont les mains sont toujours étendues pour aider
et secourir les nécessiteux et les déshérités. »

Ces dernières années, la crise du Ku-Klux-Klan
semble ouverte. « Les scandales produits par le partage
du butin, la large publicité donnée à ses méthodes
de battre monnaie ont ouvert les yeux de ses
dupes sur son vrai caractère. Les défections se
multiplient.

« Au début, seuls les Américains d'origine et
protestants pouvaient être adhérents. L'étranger
né ailleurs était rejeté et inéligible. Des Ku-Kluxistes
plus délurés se sont dit qu'après tout, parmi les
exclus, on pouvait trouver des sectaires et des
ignorants acceptant d'être rançonnés. On a donc
enrôlé les étrangers dans une organisation sœur,
qui rappellera les « Croisés américains ». Elle se

dévoue au gouvernement des États-Unis d'Amérique à la constitution, «à la religion protestante, **base de notre régime politique.** »

« Mais les étrangers n'abandonnent pas facilement leur chèque de 10 dollars. D'autre part, les membres du Congrès et d'autres personnages de Washington, ont reçu une « proclamation royale » les invitant à s'affilier à la « chevalerie civique » des « chevaliers de l'Épée flamboyante », organisation rivale du Ku-Klux-Klan dont l'initiateur était ce même William Simons, promoteur du Klan. La fin approchait [1]. »

Et des femmes élues gouverneurs pour le poursuivre, n'hésitent pas à exécuter leur mandat. Le 10 mars 1925, Mme Miriam Ferguson, gouverneur du Texas, dite « Maman Ferguson », signait un décret interdisant le port de masques en public. Il visait très spécialement le Ku-Klux-Klan et était une revanche de « Maman Ferguson » dont le mari, gouverneur du même État, fut en butte aux accusations et aux persécutions de la société secrète.

En avril 1928, un ancien « dragon » de l'État d'Indiana et lieutenant du « Sorcier Impérial », condamné pour meurtre d'une jeune femme à la prison perpétuelle à Michigan, se décida à découvrir la secte. Il raconta que, pour se débarrasser des opposants, elle les poursuivait, les lynchait ou les brûlait. Pour les gens en haute situation, elle les ruinait politiquement et socialement. Elle

---

1. *Catholic Times*, 3 avril 1925.

incendiait ou pillait les églises catholiques, soulevait des grèves et corrompait des fonctionnaires. « Un homme du Klan voyageait exprès dans tous les États-Unis pour brûler les églises. » Il accusa un ancien « sorcier impérial », Hiram Evans, d'avoir poussé au meurtre du Procureur de la République à Atlanta, Coburn, effectivement tué par un complice de la bande. Les femmes servaient d'espionnes et on aidait la contrebande des boissons alcooliques. A l'en croire, depuis son origine, le Klan aurait ramassé près de 60 millions de dollars. Dans le Nord seulement, il comptait 1 million 500.000 adhérents.

Ces révélations firent une profonde impression. On les a utilisées dans tous les procès engagés devant la cour fédérale ou les cours des États, de plus en plus sévères pour les Kluxistes.

*<br>* *

Plus redoutable que le Ku-Klux-Klan, et autrement dangereux dans ses conséquences possibles, est le mouvement dirigé contre l'École libre confessionnelle.

En 1925, il y avait aux États-Unis 19 millions de catholiques environ. Ils avaient dans leurs écoles plus de 1.988.051 élèves. Les écoles élémentaires seules en avaient 1.795.673 [1]. Le reste se répartissait ainsi : 19.801 pour les universités; 6.667 pour les séminaires; 13.996 pour les collèges; 120.838

1 En 1928 on en comptait : 2.201.942.

pour les Hautes-Écoles; 4.534 pour les séminaires de religieux; 10.544 pour les noviciats et les Écoles Normales.

Les écoles catholiques de tout grade étaient en 1925, au nombre de 8.706, se divisant ainsi : 6.651 écoles primaires [1]; 309 noviciats et écoles normales ; 113 séminaires de religieux; 1.552 Hautes-Écoles; 114 collèges; 51 séminaires et 16 universités qui comprennent d'ordinaire les hautes classes de nos collèges.

Dans ces diverses écoles enseignent 54.265 professeurs.

Les jésuites dirigent 12 universités; les lazaristes en ont une à Chicago; les Pères du Saint-Esprit, une à Pittsbourg; les Pères de Sainte-Croix, une à Notre-Dame (Indiana). Celle-ci, qui a eu pour professeur l'illustre P. Zahm, paraît la mieux organisée et la mieux adaptée à l'Amérique, avec l'université de Washington, œuvre de toute la hiérarchie. Elle semble cependant trop occupée de ses triomphes sportifs. Celle de Georgetown, dirigée par les PP. jésuites, est à quelques kilomètres de Washington. Elle est la plus ancienne des États-Unis [2].

La législation scolaire en ce pays, est à peu près équivalente à la législation française, sauf pour le

1. 7664 en 1928.

2. Certains catholiques critiquent leurs institutions scolaires. Pour être objectif je traduis ici quelques lignes d'une lettre de M. Molamphy, publiée le 23 septembre 1926, dans *The Commonweal*. Elle fut très discutée. « Pour résoudre le problème de nos collèges il n'y a qu'un moyen :

droit de délivrer des diplômes qui est reconnu aux écoles, aux collèges et aux universités privées.

Dans tous les États sans exception de la République américaine, l'instruction est obligatoire. Vingt-trois États (sur 48) ont institué une inspection et une surveillance des Écoles libres. Dans quatorze États, les Écoles libres doivent être approuvées par les autorités scolaires officielles. Dans vingt-trois États, elle impose l'enseignement de la Constitution ou d'une morale civique. Dans le Nebraska, l'autorité scolaire peut fermer tout établissement privé dont « l'esprit n'est pas pénétré d'américanisme. » En Alabama, en Floride, les catholiques se plaignent que les lois sur l'inspection des écoles, permettent des inspections abusives dans les couvents. Vingt-neuf États exigent que l'enseignement soit donné en langue anglaise.

les diminuer et les fortifier. Les catholiques cultivés désirent que leurs fils et leurs filles aient les avantages intellectuels que donnent les grandes universités non confessionnelles. Si les collèges existants ne veulent pas s'améliorer pour le bien général, il ne restera qu'à développer les Newman Clubs dans les collèges neutres, étendre leur activité en leur adjoignant un cours de philosophie catholique et de théologie morale. Les collèges catholiques d'aujourd'hui ne préparent ni des professeurs, ni des gens cultivés, ni des gens capables de se cultiver. Un collège catholique n'a pas de raison d'être s'il n'est pas en état de faciliter sur tous les terrains la culture. Si les collèges américains sont impuissants à tenir la place occupée par les universités catholiques en Europe pendant tant de siècles, il vaut mieux qu'ils disparaissent. Leur incapacité à remplir ces desiderata, est due non seulement au défaut de ressources, mais à leur satisfaction de produire des médiocrités. »

Cinq États ont prohibé l'enseignement des langues étrangères, mais la Cour Suprême n'a pas admis cette prohibition. Quatre États seulement exigent, chez les instituteurs libres, les diplômes des instituteurs officiels.

L'État ne fournit aucun subside aux écoles de l'enseignement privé et les catholiques, outre les taxes à payer pour l'École publique, pour l'entretien des leurs, doivent trouver tous les ans, environ 76 millions de dollars. Mais dix organisations protestantes ensemble ne demandent pas moins, pour leurs écoles, de 240 millions de dollars.

En 1922, un projet de loi fut déposé au Congrès qui visait à supprimer l'École primaire libre, et à la mettre dans toute la République, sous le contrôle et la direction de l'État. Les francs-maçons du rite écossais de New-York, demandèrent à leurs affiliés de soutenir partout ce projet. Contre lui protestèrent une foule d'évêques, et l'archevêque de New-York écrivit exprès une lettre pastorale pour le condamner.

En 1923, sous la poussée du Ku-Klux-Klan, et des mêmes maçons du rite écossais de la juridiction du Sud, l'État d'Oregon vota une loi, en vertu de laquelle les parents et les tuteurs étaient obligés d'enlever leurs enfants entre 8 et 16 ans, des écoles privées ou paroissiales, pour les envoyer aux écoles publiques. Cette loi visait tous les enseignements non officiels. Surtout dirigée contre les catholiques, d'autres confessions et institutions s'étaient senties atteintes.

Les Sœurs du Saint-Nom-de-Jésus, d'accord avec

l'Académie militaire de Hills, appuyées par des lettres de divers groupes protestants et juifs de la province, s'adressèrent à la cour de Justice de l'État d'Oregon pour contester la constitutionnalité de la loi votée. La cour se prononça en 1924 en leur faveur. Le gouverneur d'Oregon, un Ku-Klux-Klansiste enragé, décida de faire appel à la cour suprême des États-Unis pour obtenir l'annulation de la décision, et faire proclamer la constitutionnalité de la loi pour tous les États-Unis.

Après plus d'un an d'étude de la question, la Cour suprême se prononça. En 1925, l'illustre avocat catholique Guthrie, de New-York, présentait la défense des Sœurs du Saint-Nom de Jésus. Je détache de sa plaidoirie ces lignes qui feront comprendre le point de la controverse et son importance :

« Inexcusables et cruelles sont, en vérité, les charges et les insinuations formulées dans la lettre de l'accusateur, le gouverneur d'Oregon, en particulier les accusation présentées à la page. 62. L'on y soutient que l'on aurait à redouter les conséquences désastreuses « au point de vue du patriotisme américain », si les parents américains avaient la faculté de guider et de déterminer le caractère de l'éducation. »

La Cour suprême, à l'unanimité des juges, se prononça contre le gouverneur. Voici le passage essentiel de son jugement définitif :

« La théorie fondamentale de la liberté, sur laquelle tous les gouvernements de l'Union reposent, exclut toute espèce de pouvoir général de l'État à mettre dans le même moule (*to standardize*) les enfants, en les forçant d'accepter l'instruction des seuls maîtres officiels. L'enfant n'est pas la simple créature de l'État. Ceux qui le nourrissent et dirigent ses destinées ont le droit, en même temps que le devoir, de le préparer à remplir des obligations d'un autre ordre. »

Cet arrêt était attendu anxieusement par les catholiques américains. Il fut salué par eux avec des cris de joie. La presse, en général, l'approuva.

Cela n'empêcha pas un nombre toujours croissant d'écrivains, de journalistes et de politiciens, de demander la disparition des écoles libres.

En 1925, l'historien bien connu, M. Rossiter Johnson, dans une lettre à un grand quotidien, proposait « une imposante manifestation dans le but d'abolir les écoles paroissiales, de n'importe quelle confession, en versant au besoin aux trésoriers des églises, l'argent qu'on dépense maintenant pour elles. »

M. Johnson estimait qu'organiser cette manifestation n'était pas possible encore, mais, ajoutait-il, « dès que nous serons assez sages et assez audacieux, il ne faudra pas hésiter. » Sa raison? Étant jeune, il fut extraordinairement scandalisé de voir de petits juifs qui allaient à une école juive, se battre avec de petits catholiques allant à une école catholique. Il n'y avait pas d'autre motif de rixe que leur religion [1].

1. Au mois de mai 1925, dans la *Nation*, un hebdomadaire radical de New-York, un collaborateur rapportait que, faisant un livre sur l'école, il avait entrepris une enquête

Cet état d'esprit, que la politique et les passions raciales développent, préoccupe beaucoup les catholiques américains.

Mgr Pace, professeur de philosophie, à l'université de Washington, disait en 1925, dans une conférence sur cette question, que « les hommes qui rédigèrent la constitution ne crurent pas nécessaire d'établir le principe que les enfants, de bon ou mauvais gré, devaient être éduqués dans des écoles publiques, parce que eux-mêmes sortaient d'écoles privées. » A son avis, l'esprit essentiel du gouvernement américain était encore celui de 1787. Tous les amendements faits depuis lors à la Constitution, l'ont été dans le sens de la liberté.

Commentant l'opinion de M. Johnson et du Dr Pace, *The Commonweal*, le récent grand hebdomadaire catholique, publié à New-York, écrivait : « La grande différence entre ces deux hommes qui ont manifesté leur opinion à peu près en même temps, tendrait à faire croire à une sérieuse divergence parmi les penseurs américains. Mais nous avons toutes bonnes raisons de penser que M. Rossiter Johnson, en cette matière, ne représente qu'un point de vue complètement excentrique et non américain. Il n'y a pas de

qui l'avait convaincu que l'École publique d'État, en Amérique, était anticatholique et antijuive, d'une manière générale, mais spécialement dans le Middle-West. « Là, dit l'écrivain, l'École publique prend le caractère d'une institution paroissiale protestante, sous le contrôle des méthodistes, des presbytériens et des baptistes. »

possibilité qu'il soit accepté, sauf par de rares individus, surtout par nos Normands (Nouvelle-Angleterre) obsédés par le culte de l'État autocratique. »

En même temps que l'historien Johnson faisait sa profession de foi belliqueuse sur les écoles privées, un écrivain d'un talent de premier ordre et qui jouit d'une grande considération en Amérique et même en Europe, M. John Chapman, écrivait à l'évêque épiscopalien de Massachussets pour s'opposer à l'élection d'un catholique, comme l'un des sept « Fellows » « agrégés » de l'université d'Harvard, qui contrôlent ses destinées. « Tout protestant, disait M. Chapman, tient pour désobligeant et subversif d'être blessé par les prétentions formelles de la curie romaine, à surveiller l'éducation américaine. C'est le sentiment de tous les éducateurs intelligents. »

Parmi les membres du comité de vigilance de l'université d'Harvard, quatre furent d'un avis différent de celui de M. Chapman. Dans une lettre publiée dans *The Commonweal*, sous le titre de « Défi à M. Chapman », Ralph Adam Cram, un écrivain protestant connu lui disait : « Voudriez-vous, non seulement pour ma gouverne, mais pour celle des autres en semblable situation, préciser sans détour où et quand la curie romaine ou tout autre corps officiel catholique, a déclaré son intention formelle de contrôler l'éducation américaine? Bien que je ne sois pas catholique, j'ai l'avantage de connaître quelque chose de l'Église et quelque chose aussi à propos de son système et de sa pratique en éducation. Je vous défie absolument de me donner une raison qui autorise votre étrange affirmation. Pour ma part, je la nie tout à fait. »

Et la lutte pour la suppression de l'École libre continuait, malgré la décision de la Cour suprême.

La loge de Rite écossais du Maryland, qui compte plusieurs députés, publia dans son Bulletin de mai 1925, le projet tel que ses membres le présentèrent au Congrès. Le voici :

« Nous demandons :

1º Un Département fédéral d'éducation. Avec un secrétaire dans le cabinet du Président et une contribution fédérale aux besoins de l'école publique sous le contrôle absolu des États;

2º Une université nationale à Washington aux frais du gouvernement;

3º L'usage obligatoire de l'anglais comme langue employée dans les classes de grammaire.

4º Une organisation adéquate à propos de l'éducation de la population étrangère, non seulement dans les questions de culture et de technique, mais en ce qui concerne les principes des institutions américaines et de la souveraineté populaire;

5º L'entière séparation de l'Église et de l'État et l'opposition à toute tentative d'employer l'argent de la communauté, directement ou indirectement, pour le soutien d'institutions confessionnelles;

6º L'école publique américaine neutre non

confessionnelle sérieuse et démocratique, pour tous les enfants du peuple, des avantages égaux pour tous;

7° L'éducation intense du patriotisme, l'amour du drapeau, le respect de la loi et de l'ordre, une inconditionnelle loyauté au gouvernement constitutionnel. »

Plusieurs catholiques accepteraient une inspection des autorités fédérales dans leurs écoles, pour assurer les conditions d'hygiène et l'unité des programmes. A ce dernier point de vue, la cacophonie résultant de la diversité, car chaque diocèse, chaque ordre et même chaque curé, peut la rédiger, est vraiment trop assourdissante. Beaucoup même accepteraient la collation des titres par l'État dans les conditions d'impartialité requises. J'ai entendu dire que les titres conférés par les écoles et institutions confessionnelles, souvent accordés sans discernement, étaient parfois des « certificats d'ignorance ».

La lutte sera d'autant plus vive sur ces points pour les catholiques, que les juifs et les protestants en beaucoup d'endroits paraissent incliner vers l'École d'État.

En 1928, la puissante « Association pour l'Éducation nationale », qui pousse à la suppression des écoles libres, réussit à gagner à sa cause le Président Coolidge. Dans un message, il déclara qu'il fallait fonder un département de l'éducation que dirigerait un membre de son Cabinet. Les prétextes allégués sont nombreux, mais on met surtout en avant la nécessité d'unifier davantage encore l'âme américaine[1]. Or, on n'y arrivera pas, croit-on, tant que méthodes, programmes et maîtres différeront essentiellement d'un État à l'autre. On veut aussi forcer par là les écoles paroissiales à en finir avec leurs particularités raciales et même linguistiques et avec des tendances soi-disant antiaméricaines. Ne viserait-on pas à les obliger un jour ou l'autre à disparaître ?

Cependant, la mesure envisagée ne passera pas sans soulever des résistances, même de libres penseurs. L'un d'eux, Gerald Johnson, écrivit alors dans *The Evening Sun* de Baltimore, qu'il dirige, un article que toute la presse catholique reproduisit. Je le résume exactement pour que l'on comprenne bien la portée de la question.

L' « Association pour l'éducation », déclarait M. Johnson, est devenue une formidable agence d'influence sur le Parlement. Elle a pour président un magister de village et fait surtout de la politique. M. Coolidge a accepté, dans une de ses

1. De plus en plus, pour cette raison, les catholiques des États-Unis, de toute race et origine, sentent le besoin d'américaniser leurs écoles. La guerre a accentué cette tendance. « Nos Écoles catholiques — écrivait en 1923 le Dr James Ryan, le nouveau Recteur de l'université de Washington depuis août 1928 et alors préposé à la section d'éducation au N.C.W.C. — ne sont pas établies et maintenues avec l'idée d'isoler nos enfants du corps et de l'esprit du civisme américain. Elles représentent simplement la forme concrète de l'exercice de nos droits comme citoyens, conformément aux directives de notre conscience. On y enseigne donc en anglais, on y inculque l'amour de l'Amérique et un idéal moral et religieux conforme à celui des fondateurs de la République. »

adresses, son point de vue, en déclarant que l'éducation étant un problème national, son importance exige que le gouvernement fédéral s'en occupe. Mais alors il faudrait aussi un docteur dans le gouvernement fédéral, puisque la santé nationale n'importe pas moins que l'éducation. Ce dernier mot est vague. En Amérique, les exigences de l'éducation diffèrent selon les États. Le gouvernement fédéral est impuissant à les satisfaire. En théorie, il essaierait, mais en pratique, il n'y arriverait pas et nous doterait simplement d'une bureaucratie fort compliquée. En supposant que le nouveau ministre fît quelque chose, il ne serait jamais que l'instrument d'une politique spéciale, qui ne choisirait ses fonctionnaires que parmi ceux qui l'auraient appuyée aux élections. « Grâce à la pompe aspirante du pouvoir central, il effacerait toute trace d'individualisme dans le système des écoles et il pillerait le trésor fédéral, en apparence pour servir les écoles publiques, mais en réalité, pour servir les pédagogues assez habiles pour cultiver par ce moyen leurs intérêts. De plus, la création d'un département fédéral de l'Éducation accroîtra l'influence du pédagogue politicien qui, comme celle du clergyman politicien, n'est déjà que trop néfaste. »

Mais il ne faut pas s'illusionner. L'«Association nationale pour l'éducation » est puissante et bien organisée. Elle terrorise les hommes politiques. Elle s'efforce de mettre le Président dans son jeu. Elle n'aura pas de repos qu'elle n'ait obligé le Congrès à voter son bill.

*
* *

A côté de la question de la liberté de l'enseignement se trouve celle de la neutralité dans l'école publique.

Plusieurs États admettent qu'elle ait quelques pratiques confessionnelles, par exemple, la lecture de la Bible.

Certains interdisent même cela, prétextant que les juifs, nombreux chez eux, ne toléreraient pas qu'on lût à leurs enfants le Nouveau Testament.

Mais cette lecture de la Bible, autorisée ou défendue, par les États particuliers, est-elle constitutionnelle?

L'Attorney général de l'État de Michigan, sorte de Procureur général de la République, en 1928, se prononça publiquement pour la négative. Ses raisons méritent d'être connues.

« Le principe d'une indivisible liberté de conscience, dit-il dans son rapport, implique nécessairement ce qu'on oublie trop souvent, que cette liberté soit exercée par qui en jouit, de manière à ne pas empiéter sur le droit également sacré du voisin à différer de lui. Pour cela, il est essentiel que la loi elle-même soit libre de toute nuance de privilège et que l'État veille à empêcher l'usage ou l'abus de ses pouvoirs et prérogatives, au profit de n'importe quelle secte ou Église. Nulle part l'abus que nous visons n'a chance de s'introduire autant que dans notre système scolaire public.

« S'il est chose bien établie dans la politique et les idées générales du peuple américain, c'est sa détermination fixe et irrévocable de voir une absolue séparation entre l'Église et l'État, et que notre école publique ne serve ni directement ni indirectement pour l'instruction religieuse.

« Si les parents ou ceux chargés de l'éducation des enfants désirent qu'ils reçoivent des leçons de religion, ils peuvent les envoyer aux Écoles privées ou paroissiales, dont les programmes sonts ubstantiellement équivalents à ceux de l'État dans les écoles publiques. »

Si cette doctrine était sanctionnée par le Parlement américain et enregistrée par la Suprême Cour, comme exprimant le sens de la Constitution, la lecture de la Bible serait interdite et la neutralité renforcée dans l'école publique.

*<br>* *

Une autre question qui, tôt ou tard, provoquera des difficultés pour les catholiques américains, sera la question des impôts sur les propriétés ecclésiastiques. Jusqu'ici toute propriété affectée à un culte religieux ou à l'éducation, est exempte de taxes. Mais les localités où existent ces exemptions devant payer un surplus pour atteindre le chiffre de charges fixes, s'insurgent. Aussi certaines congrégations comme, les rédemptoristes, acquittent bénévolement, en certains endroits, leur quotepart, sans y être obligées.

Un mouvement pour la suppression du privilège se dessine un peu partout et depuis longtemps. Les protestants souvent par animosité contre les catholiques, poussent à la roue. «Du jour où nous aurons à payer les impôts sur nos églises, écoles ou couvents, me disait un aumônier d'un grand collège d'ursulines, la moitié de nos institutions ne pourra plus vivre. »

Il se publie à Chicago un hebdomadaire fondé il y a quarante ans et qui s'appelle *The christian Century*. Le Directeur est un pasteur des *Disciples du Christ*, assisté de collaborateurs appartenant à plusieurs confessions. Il porte en manchette cette épigraphe : «Ce *Christian Century* est un libre interprète de ce qu'il y a d'essentiel dans le christianisme. Édité non pour une seule confession, mais pour tout le monde chrétien, il s'efforce d'avoir un point de vue catholique, et il a des lecteurs dans toutes les communions.»

En 1924, on pouvait lire dans ses colonnes un article avec ce titre : *L'Église romaine et la taxe*.

Il débutait ainsi :

« Ceux qui observent et réfléchissent, ne peuvent oublier la menace qu'est aux institutions américaines et à l'idéal américain de liberté civile et religieuse, l'Église catholique romaine.

« Toute preuve de la diminution d'influence ou de la réforme salutaire du Ku-Klux-Klan, devrait être saluée avec joie. Alors les citoyens de bon sens et d'inaltérable bonne volonté, appliqueraient toutes leurs ressources intellectuelles au problème que la présence et la continuelle influence de l'Église catholique dans notre civilisation, pose. La méthode du Ku-Klux-Klan n'est pas la bonne. Toute autre sera meilleure que la sienne. »

Il ajoutait : « L'étude de ce problème doit être soustraite aux mesquineries et aux jalousies, et abordée sur le plan du plus haut idéal et du plus pur civisme américain. Il faudrait sauver les adhérents au système romain avec les autres citoyens, des maux au-devant desquels il courent aveuglément. Les Églises protestantes ont donc à refuser toute exemption de taxe. Cette réforme affectera profondément l'Église romaine. » Le *Christian Century* demande ensuite à ses lecteurs « si l'on peut permettre qu'un monstre soit nourri parmi nous, ravageur de la civilisation depuis l'aurore de l'histoire en la vallée du Nil, jusqu'à aujourd'hui. Or, si l'Église catholique continue à avoir la permission de n'être pas taxée dans ses propriétés, elle deviendra un monstre rongeant la civilisation américaine, et créera une situation qui, si elle n'est pas arrangée ou renversée, mènera à une révolution sanglante. »

*The Commonweal*, après avoir rapporté ces déclarations, faisait ces réflexions soulignant la gravité du phénomène.

« Devant de telles manifestations, il serait temps que les catholiques se rendent compte si le *The christian Century* représente réellement l'opinion des diverses confessions représentées dans sa rédaction... Les protestants en corps, croient-ils réellement que les catholiques sont plus étrangers à l'esprit de l'Amérique que les fidèles des autres credos ?

« Quand de pareilles choses sont articulées par de vulgaires et plats sectaires, on peut aisément hausser les épaules. Énoncées par un journal édité par des chefs de corps religieux aussi importants que les confessions baptistes et méthodistes, elles sont très alarmantes. Pour nous, simplement comme journal parlant à un autre journal, nous demandons au *Christian Century* de préciser les motifs sur lesquels il fonde de si étranges affirmations. »

Il est enfin une autre source de conflits entre le catholicisme et l'État, aux États-Unis. Celui-ci voudra avoir la part toujours plus prépondérante au contrat de mariage, et n'admettra pas l'immixtion des Églises dans ce qu'il prétend être ses droits et bien moins encore, leur opposition.

Or, soit au Canada anglais, soit aux États-Unis, les autorités civiles et les protestants reprochent au catholicisme de favoriser le divorce. On sait que depuis la législation de Pie X sur le mariage, aucun n'est regardé comme valide par l'Église, qui n'a pas été contracté devant un prêtre légitimement délégué à cet effet par l'évêque. Or, il n'est pas rare, et je l'ai entendu dire par des curés, que les catholiques s'unissent devant le juge pour « essayer le mariage ». Comme ils savent qu'il n'a aucune valeur en conscience et que la loi civile est accommodante à ceux qui veulent divorcer, ils courent à une autre union ou font même d'autres « essais ».

*
* *

Jusqu'à maintenant la presse quotidienne qui a besoin des catholiques, ne lès a pas molestés et semble les ignorer. Ici et là, cependant, on fait à leurs dogmes et surtout à leur activité politique, des allusions malignes accompagnées de menaces. Les hebdomadaires, semi-mensuels et mensuels, sont plus audacieux. La *Nation*, la *New-Republic* rééditent les vieux clichés contre le cléricalisme. La *New-Republic* a soutenu que le Congrès de Chicago fut surtout pour les catholiques une occasion de sé compter, avant de se jeter dans l'arène des partis.

Mais l'organe le plus acharné contre eux est le *Fellowship Forum*, un hebdomadaire qui se publie à Washington. Si j'en juge par les annonces, il doit avoir pas mal de lecteurs dans tous les États-Unis. Il paraît être le porte-voix des loges américaines et du Ku-Klux-Klan. Mais au lieu de faire la guerre aux noirs, aux juifs et aux catholiques, il la fait aux seuls catholiques. Nous n'avons en France aujourd'hui rien de pareil. Le jeu de la feuille saute aux yeux. Elle veut ramasser tous les Américains et les lancer contre les fidèles romains.

Elle exploite les moindres fautes, les exagère, et souvent les invente. Réactionnaire endurcie, elle s'entend à toucher la fibre démocratique. de ses compatriotes, en montrant les « romains » solidaires des dictateurs Mussolini ou Primo de Rivera. Elle réédite toutes les fables de l'anticléricalisme primaire et désuet. Si elle réussissait à faire la concentration des éléments non catholiques, la persécution s'installerait aux États-Unis et pour longtemps. Car n'oublions pas que les catholiques n'y sont qu'une petite minorité respectable, et sur des questions qu'on leur dirait

d'intérêt national, ne se débanderait-elle pas?
Des 120 millions d'habitants, seulement 19 millions
sont catholiques, 8 millions juifs et une trentaine protestants de toutes confessions. Le
reste, près de 65 millions, est agnostique et
parfois violemment athée. Et ces athées essaient
de s'organiser. Ils publient des livres, des revues,
donnent des conférences. Parlant le 13 avril 1926
à Atlanta, un des coryphées de l'athéisme américain disait : « Le culte des athées chrétiens se développe rapidement. Ceux qui en font partie acceptent le programme éthique du Christ, mais nient
l'existence de Dieu et de Christ. Tel est leur
programme. » Ces athées tentent même d'influencer
les pouvoirs publics. En avril 1926, James
J. Elliot, membre de l'association américaine reconnue pour l'avancement de l'athéisme, présentait
au Congrès, au nom de ladite association, une pétition
où il était dit que « l'emploi de chapelain dans le
Congrès des États-Unis, dans les départements de
la marine et de la guerre, constituaient l'affirmation et le maintien des principes religieux et sectaires en violation de l'article I$^{er}$ de la Constitution
qui prévoit que le Congrès ne doit pas faire de
loi, concernant le maintien d'une religion ou défendant son exercice. »

Cette association athée a formé à l'université
de Rochester, une association des « âmes damnées ».
« Malgré ce nom étrange, dit-elle, adopté par les
étudiants de Rochester, leur exemple est suivi
par d'autres étudiants à travers tout le pays.
Nous espérons avoir une filiale à Yale dans quelques

jours, et une autre se forme à l'université de Ranson. L'expérience nous prouve aussi qu'un nombre de professeurs dans la plupart des universités sont athées. Nous aurons une douzaine de filiales à la fin de cette année. La réaction que suscite notre propagande est des plus intéressantes. »

On comprendra donc dans ces conditions que les frictions entre catholiques, protestants et libres penseurs, ne soient pas rares.

En novembre 1925, le *Forum* de New-York publiait deux articles sur « Le catholicisme dans le Massachusetts », révélateurs d'une situation très tendue dans cet État, dont les journaux, pour des raisons d'intérêts, n'avaient soufflé mot. Le premier de ces articles, qui prétendait être le résultat d'une enquête impartiale par une Mme Sergent, sur les difficultés politico-religieuses au Massachusetts, se terminait par ces lignes suggestives :

« La machine à centraliser et à contrôler est la source et l'origine certaine de la force de l'Église romaine. Quand un pouvoir séculier de même nature se développe ou même paraît maître, le choc se produit. L'unique solution possible est que l'un ou l'autre abandonne la partie. »

Déjà, dans l'*Atlantic Monthly*, la vieille revue de Boston, en février 1924, le Dr Inge, doyen de Saint-Paul de Londres, dit « le sombre doyen » *gloomy dean*, en raison sans doute de l'ennui que distille sa prose, après un voyage aux États-Unis avait vaticiné aux Américains la fin prochaine du catholicisme. Infaillibiliste, obscurantiste, inflexible, centralisateur, il était incompatible avec les races anglo-saxonnes. A quoi G. K. Chesterton répliquait avec raison : « Le protestantisme se disant flexible n'est plus celui des premiers réformateurs qui le voulaient *inflexible* sur les doctrines qu'il opposait à celles du catholicisme. »

*
*  *

Dans son livre, *Americanism and catholicism*, le Dr Kinsman, ancien évêque épiscopalien de Delaware et converti à la foi romaine, synthétisait ainsi les difficultés que nous venons de signaler [1] : « Le préjugé anticatholique aux États-Unis se donne un triple prétexte : la crainte de la domination étrangère; la crainte des tendances vers la désunion; la crainte d'un patriotisme rival. On croit que l'Église met en danger l'indépendance en reconnaissant un pape européen; la liberté, en prêchant une soumission aveugle à la tyrannie ecclésiastique ; et l'unité, en encourageant les divisions raciales. Ce préjugé implique rarement des considérations d'ordre purement religieux. Neuf fois sur dix, il exprime la jalousie patriotique en faveur d'un idéal national. Les principaux motifs allégués pour le justifier sont : le loyalisme des catholiques à l'égard du Pontife romain; leur groupement par nationalités étrangères; leur méfiance à l'égard de l'école publique; leur asso-

1. *Americanism and catholicism*, p. 112-113, New-York, 1924.

ciation avec la corruption politique. En tout cela, on voit une menace du dehors. Les religions fantaisistes qui pullulent sur le sol américain, où les cultes orientaux ont peu d'adeptes, n'inspirent aucune défiance. Mais plus de vingt millions de catholiques paraissent redoutables. Beaucoup pensent sur notre Église, comme un de nos leaders nationaux : « Elle ne convient pas du tout à ce pays. Elle ne peut y prospérer que par l'émigration. Sa pensée est latine et en complète opposition avec la pensée dominante de notre peuple et de ses institutions. »

Le Dr Kinsman répond à ces objections et donne à ses nouveaux coreligionnaires, quelques sages et discrets conseils.

*<br>* *

A la lumière des faits et des idées que je viens d'exposer, on verra mieux la portée de la controverse engagée en avril 1927. Elle dura plusieurs mois et tint en haleine l'Amérique entière. Elle cristallisa, en quelque manière, toutes les passions, tendances et préjugés anticatholiques dont je viens de parler. Ce que je vais en dire très objectivement, permettra en même temps de se rendre compte de l'attitude des catholiques américains, dans les questions politico-religieuses.

Déjà aux élections de 1924 pour la Présidence de la République, M. Alfred Smith avait été un candidat favorisé à la convention démocratique. On parlait donc de nouveau de lui, en 1927, pour la suprême magistrature.

Dans un article de l'*Atlantic Monthly*, la grande et vieille revue de Boston, M. Marshall, un illustre avocat de New-York, maintenant retraité, en citant des textes empruntés aux théologiens et aux papes, prétendit montrer que si M. Smith restait fidèle aux doctrines de l'Église catholique, il ne pourrait jamais être Président de la République. M. Marshall appartient à l'Église épiscopalienne.

Élu par trois fois gouverneur de l'État de New-York, l'honnêteté, la droiture, l'impartialité et l'habileté de M. Smith, lui avaient valu une popularité immense. Il était le type du *self made man*. Élève des Frères, vendeur de journaux à treize ans, il entra au fameux club politique de Tammany. Il y fut découvert par l'un des agents les plus influents de ce club, Thomas Foley, avec qui j'ai plusieurs fois déjeuné à New-York, et qui m'avait promis de me présenter à «l'ami Alfred». A mon dernier voyage, je le trouvais mort.

La réponse du gouverneur Smith à M. Marshall est très intéressante. Je vais l'analyser très fidèlement et sans la juger. On saura quels arguments allèguent les Américains pour éloigner un catholique de la Maison Blanche.

M. Smith déclare d'abord qu'étant un simple fidèle et rien moins que théologien, il a dû consulter, sur les objections faites de ce point de vue, un théologien de son Église. Il a choisi le Rév. Duffy, curé de Ste-Croix à New-York, ancien professeur de dogmatique au grand séminaire, aumônier catholique du 168ᵉ régiment, chevalier de la Légion d'Honneur, Croix de guerre, etc.

Il a juré serment dix-neuf fois à la Constitution Républicaine, en divers emplois publics, depuis 1903 ; jamais il n'a eu la moindre difficulté pour être fidèle à ce serment. « Je tiens l'éducation publique comme l'une des premières fonctions du gouvernement... Depuis 1919, où je devins pour la première fois gouverneur, les dépenses pour les écoles publiques ont monté de 9 millions de dollars à 82 millions. J'ai eu toujours en vue l'intérêt non d'un groupe, mais celui de la communauté, et j'ai eu pour cela, l'appui de toutes les Églises. Avant moi, il y a eu dans les premiers postes de la République, par exemple, à la Suprême magistrature de la Cour de Justice, des catholiques. Ils n'eurent pas plus de difficultés à être fidèles à leur serment.

« La phrase « dogmatique intolérance » que vous citez d'un dictionnaire, ne signifie pas que les catholiques doivent être intolérants à l'égard des autres personnes, mais seulement que dans l'Église catholique ils ont à être intolérants à l'égard de tous les changements dans le dogme de l'Église.

« Le *Syllabus*, que vous alléguez, n'a pas, au témoignage du cardinal Newman, de force dogmatique. Vous prétendez que les catholiques croient que les autres religions doivent seulement être tolérées par faveur, et qu'il faudrait avoir une Église d'État. Mais, d'après nos meilleurs théologiens, quand plusieurs confessions existent dans un pays, l'État doit faire de la liberté religieuse complète

pour l'individu et les confessions, un principe
du gouvernement. Les prélats américains de
l'Église défendent ouvertement notre déclaration
constitutionnelle de l'égalité de toutes les religions
devant la loi. Vous prétendez qu'en cas de conflit, l'Église doit l'emporter sur l'État. Mais un
tel conflit est inconcevable tant que l'église et
l'État restent sur leur terrain. Notre Évêque
England [1], bien avant Ireland et Gibbons, disait :

1. « John England est une des plus originales figures du
catholicisme américain. Il naquit en Irlande, à Cork, en 1786.
Entré dans les ordres, ayant préparé l'Acte d'Émancipation
de son pays, il vint ensuite aux États-Unis où, en 1822, il
fut nommé évêque de Charleston. Il y fonda le premier
organe hebdomadaire catholique qu'il dirigea pendant
vingt ans. Son intelligence, son éloquence et sa modération
lui acquirent des admirations et des amitiés dans toute la
République. Quand il mourut en 1842, *le Courrier de Charleston* écrivit : « Il avait une profonde sympathie pour les
libres institutions et les glorieuses destinées de l'Union
Américaine qu'il regardait comme le refuge de ses compatriotes (les Irlandais) oppressés et exilés, et comme le véritable temple de la liberté rationnelle. »

« En 1826, le Congrès invita John England à venir exposer
ses idées religieuses devant lui. Le 8 janvier de cette année,
en présence des membres de la Chambre des Représentants
et du Sénat, en présence aussi d'une foule curieuse qui avait
assiégé l'enceinte du Parlement, il montra l'idéal patriotique vers lequel devait tendre tout Américain, soit catholique, soit protestant, en ayant devant les yeux, comme
modèle, l'exemple du caractère de Georges Washington.

« Par la façon supérieure dont il sut comprendre et présenter les principes fondamentaux de la Constitution américaine, par son plaidoyer en faveur de lois reposant sur les
préceptes divins, par son exposition des devoirs du citoyen
selon la Constitution, il réfuta dans ce discours l'allégation

« Si le pape, les cardinaux et tous les pouvoirs du monde catholique portaient la moindre atteinte à notre Constitution, nous donnerions nos vies pour la défendre. » Personne, laïque ou prêtre, n'a jamais tenté directement ou indirectement, de faire pression sur moi dans mon administration. En ce moment, mon cabinet de gouverneur comprend deux catholiques, treize protestants, un juif. Mon assistant gouverneur est un protestant répu-

injurieuse qui représentait un catholique pratiquant comme incapable de remplir entièrement ses devoirs envers son pays.

« La foi, dit-il, n'est pas une absurdité, elle n'est pas une servitude abjecte de l'esprit, elle n'est pas un fanatisme de visionnaire ; elle n'est pas un assentiment irrationnel à des propositions inintelligibles ; elle consiste à croire sur le témoignage de Dieu ce que la raison humaine ne peut découvrir, ce qu'une Divinité sage et prévoyante nous communique pour informer nos esprits et pour diriger notre volonté.

« Une difficulté politique est parfois soulevée ici. On dit en effet aux catholiques : « Mais si ce tribunal infaillible auquel vous vous considérez comme obligés d'obéir, vous ordonnait de renverser le gouvernement de votre pays, s'il vous déclarait que Dieu commande qu'un autre gouvernement soit établi, obéiriez-vous? Comment pouvons-nous considérer comme de bons citoyens des gens qui font profession d'obéir à une autorité étrangère, ignorée de notre Constitution, autorité qui a jadis déposé des rois et relevé des sujets et des citoyens de leur devoir d'obéissance? »

« Notre réponse est simple et précise : nous ne nous croirions pas obligés d'obéir. Je ne permettrais ni au pape, ni à aucun évêque de notre Église, au dehors de l'Union, la plus petite intervention dans la plus mince de nos élections. Ils n'auraient aucun droit d'intervenir. Notre Constitution déclare que le Congrès ne pourra pas restreindre le libre exercice d'une religion. Supposons maintenant que votre

blicain et franc-maçon du trente-deuxième degré. Quant au Mexique, que vous alléguez, quelle que soit l'opinion d'un avocat catholique, les évêques des États-Unis, dans leur lettre collective, ont repoussé l'immixtion de notre République dans les affaires intérieures de notre voisin.

« Je résume ainsi mon credo, comme catholique américain :

« *Je crois* en Dieu, selon la foi et le culte de l'Église catholique romaine. Je ne reconnais aucun pouvoir aux institutions de mon Église, d'intervenir dans la pratique de la Constitution des États-Unis ou dans l'exécution de lois du pays;

« *Je crois* dans la liberté de conscience absolue pour tous les hommes et dans l'égalité de toutes

respectable Assemblée veuille restreindre en moi cet exercice de mon droit. Une telle mesure, que l'on appellerait loi, pourrait être votée par les Chambres et signée par le Président, je n'obéirais pas parce que ce ne serait pas réellement une loi, ce serait une usurpation, car vous ne pouvez faire une loi violant la Constitution : votre pouvoir en ce cas s'évanouit.

« De même si le Tribunal établi par Dieu pour me signifier ce que Dieu a révélé et pour faire les règlements nécessaires à la vie de l'Église, si ce tribunal avait la présomption de sortir des limites de son pouvoir, ses actes seraient sans autorité; mes droits ne pourraient être détruits par une usurpation de sa part. Aucun principe de ma foi ne me défend d'user de mon droit légitime de résistance à toute usurpation tyrannique. Vous n'avez pas le pouvoir de supprimer mes droits religieux, le tribunal de l'Église n'a pas le pouvoir de supprimer mes droits de citoyen. »

Cité par *The Providence Visitor* (mars 1928), d'après l'*Histoire du catholicisme américain*, par le D<sup>r</sup> Guilday, professeur à l'Université catholique de Washington.

les Églises, de toutes les sectes, de toutes les croyances devant la loi — comme étant l'exercice d'un droit et non l'octroi d'une faveur;

« *Je crois* dans la séparation absolue des Églises et de l'État et dans la stricte application des préceptes de la Constitution, qui interdit au Congrès de faire une loi pour imposer une religion ou pour en empêcher le libre exercice;

« *Je crois* qu'aucun tribunal d'aucune Église n'a le pouvoir d'imposer par force une loi au pays, et n'a que le droit d'établir le statut de ses propres fidèles à l'intérieur de sa propre communauté;

« *Je crois* que l'école publique est un des piliers de la liberté américaine. Et je crois au droit de chaque parent de choisir si son enfant sera envoyé à l'école publique, ou s'il fréquentera une école religieuse, patronnée par ceux de sa croyance;

« *Je crois* au principe de la non-intervention de ce pays dans les affaires intérieurs des autres pays, et que nous devons lutter ardemment contre leur intervention, quel que soit celui qui la prône;

« *Et je crois* à la fraternité commune des hommes sous la paternité commune de Dieu. »

Ce document provoqua aux États-Unis une sensation énorme. Il ne souleva, dit-on, aucune critique chez les catholiques américains. Il avait été soumis au cardinal archevêque de New York avant sa publication. La presse en masse, lui fit une ovation. Il suffira de citer le *New York Times*, dont l'influence intellectuelle sur les politiciens, et jusque dans les milieux gouvernementaux, est considérable :

« M. Alfred Smith sera ou ne sera pas choisi comme candidat à la présidence. Il y sera élu ou pas élu. Mais il a, en tout cas, mis le pied sur ce hideux préjugé qui menace d'envahir notre vie publique, et en vertu duquel un homme ne peut pas être élu Président, parce que catholique... Un homme public, qui a apposé comme catholique sa signature au bas d'une profession de foi patriotique aussi noble que celle qu'a rédigée le gouverneur Smith, ne peut être écarté de la présidence, à moins que l'intolérance et la bigoterie ne prennent le dessus chez nous. Sa déclaration est à la fois un appel et un guide pour tous ses concitoyens. »

Le *New York Times* est un journal de l'Est. Ni dans le Middle West, ni dans l'Ouest, ni dans le Sud, la noble profession patriotique du gouverneur Smith ne trouva grâce devant l'intolérance des « cent pour cent américains. »

Cependant durant la campagne électorale, l'attitude des catholiques ses coreligionnaires paraît avoir été irréprochable.

M. Hoover, le rival de M. Smith, fut élu par plus de 2 millions de voix de majorité. La question religieuse eut une part sinon exclusive, du moins importante, à ce résultat. Les Églises protestantes, y compris les épiscopaliens, se jetèrent dans la mêlée pour barrer la route au candidat catholique. Le *Commonweal* de New-York publia, le 7 novembre 1928, un article sous le titre de « Documents de la tolérance », où l'on citait quelques spécimens de cette littérature hostile qui inonda la contrée. J'en traduis un morceau type. Il est pris dans le *Christian Index*, « organe et propriété des baptistes de Georgie. »

« Mettez au pouvoir l'Église d'Alfred Smith, et la constitution populaire démocratique disparaît et avec elle le gouvernement représentatif; avec elle s'en va la liberté de la presse, la liberté des cultes, et toutes les Églises baptistes et protestantes, et toutes les loges sont fermées; avec elle, s'en vont les tribunaux civils, notre système d'éducation publique américaine, nos propriétés et nos hôpitaux protestants, notre christianisme et sa Bible. Et nous voyons arriver la loi ecclésiastique papiste, une domination de prétendu droit divin, réalisées par les volontés arbitraires des prêtres, le trafic illégal, odieux, des liqueurs, toutes écluses ouvertes, car Rhum, Romanisme et Rébellion forment le trio inséparable. »

Le *Fellowship Forum* et *The Menace*, organes attitrés du Ku-Klux-Klan et ennemis officiels et féroces de l'Église romaine, pendant deux mois de la campagne électorale, envoyèrent chacun, dans les États-Unis, plus de 600.000 exemplaires de leurs injures et calomnies, toutes les semaines.

Devant ce débordement de passions qu'on croyait éteintes, l'attitude des catholiques fut, à quelques rares exceptions près, très digne et très sage.

Le cardinal-archevêque de Chicago n'avait pas été favorable à une candidature catholique pour la présidence de la République. Il mécontenta, en manifestant son opinion, beaucoup de ses coreligionnaires parmi les démocrates. Mais il avait ses raisons et elles étaient bonnes. Il prévoyait ce qui devait arriver pendant la campagne présidentielle, et les graves inconvénients de l'élection de M. Smith, catholique d'origine irlandaise. Son succès aurait provoqué la coalition d'éléments protestants et anti-irlandais, qui auraient suscité, pendant sa présidence, toutes sortes de difficultés, mettant le catholicisme en d'inextricables embarras. Smith d'ailleurs, excellent homme, très sympathique, très habile gouverneur, manque de culture générale. Dans les questions de politique ecclésiastique, qui se fussent multipliées, il eût eu besoin de consulter. Qui l'eût conseillé?

A l'instigation, pensons-nous, du cardinal Mundelein, l'évêque de Springfield (Illinois), pendant la campagne électorale, écrivit une lettre sur l'attitude que les catholiques, laïques et prêtres, devaient observer. Elle fut approuvée par presque tous ses cent quatre collègues. J'en cite les passages les plus importants :

« Notre pays est, en ce moment, le théâtre d'une campagne politique nationale. Le monde entier est attentif à cette lutte. De grands intérêts sont en jeu, et des solutions sont préconisées à des problèmes essentiels. Des hommes d'État sages, qui savent regarder de loin, se trouvent à la tête de nos deux principaux partis. L'Église catholique, fidèle à sa position constante et historique depuis la fondation de notre État, ne prend pas part à cette campagne. Elle suit le précepte de son divin fondateur Jésus-Christ, qui a dit : « Rendez à Dieu ce qui est à Dieu, et à César ce qui est à César. » L'Église catholique est parfaitement satisfaite de laisser la politique dans le champ de la politique : elle n'aime pas la tactique imprudente et injuste qui consiste à se servir de la religion pour le triomphe d'un parti. L'Église catholique sait que là où une Église quelconque a voulu se mêler de la politique des partis, les résultats ont été désastreux. »

Cette attitude sage de l'Église romaine, surtout de ses pasteurs, lui valut l'estime et l'approbation des esprits les plus nobles du protestantisme. M. Butler, président de Columbia University; M. Henry van Dyke, théologien de l'Église presbytérienne; le pasteur Fosdick, membre du comité Rockfeller pour l'éducation, protestèrent contre l'intolérance de leurs coreligionnaires.

En octobre, peu de temps avant l'élection, M. Ellery Sedgwick, directeur de l'*Atlantic Monthly*, la plus importante et plus ancienne revue des États-Unis, qui paraît à Boston, écrivait au directeur du *New York Sun* la lettre suivante. (Pour en comprendre le début, il faut savoir que c'est dans l'*Atlantic Monthly* que M. Marshall et le gouverneur Smith, échangèrent leur polémique.)

« En ma qualité d'éditeur, qui, pendant le débat Smith-Marshall, ai eu la chance de me trouver à l'endroit où la controverse battait son plein, et qui avant et depuis cet épisode ai eu maintes occasions d'observer les relations dans ce pays entre l'Église et l'État, me permettez-vous de porter un témoignage public de mon admiration pour la dignité, la patience et le sens civique du clergé catholique romain en Amérique? Je doute qu'on puisse trouver dans notre histoire l'exemple d'une corporation d'hommes, nombreuse et bien unie qui, en face de la plus violente provocation, ait mieux gardé le sang-froid et le respect d'eux-mêmes.

« Ce qu'ils ont ressenti pendant une campagne d'attaques à jets continus et immérités, pourrait difficilement se traduire en paroles. Mais, sous cette grêle de calomnies audacieuses ou de moqueries masquées, je n'ai pas noté une seule risposte peu chrétienne, une seule réplique indigne de la part d'un prêtre de l'Église de Rome.

« Soyons justes. Cette Église, tout à fait étrangère à la plupart d'entre nous, nous a donné une leçon de politesse et de tenue morale. C'est un lieu commun entre gens qui raisonnent avec leur bon sens, de dire que, si le clergé catholique s'était jeté dans la mêlé en suivant l'exemple de leurs frères méthodistes, la république eût chancelé sur ses bases. Qu'auraient dit les bons Américains si quelque héroïne démocrate de Rome, faisant appel aux Églises catholiques, les eût organisées en groupes nettement politiques et lancées dans la mêlée, pour la cause qu'elles auraient cru la cause de la tempérance? Probablement cette « Jeanne d'Arc » eût été brûlée vive sur un bûcher, et elle ne l'eût pas volé.

« Mais ce n'est pas au malfaisant fanatisme d'une Mme Willebrandt que je veux faire allusion, bien que à plus d'un citoyen le fait, pour M. Hoover, de profiter de ses exploits, fasse plutôt tort à son attitude, par ailleurs irréprochable. Je pense plutôt aux injures vulgaires et ignorantes lancées contre l'Église du centre de la chrétienté par les ignorants et les étourdis de toutes les classes. Ce sont là choses dont je puis me porter garant. Mon courrier regorge de sottises sur « le Rhum et le Romanisme ». On y assure que les jésuites ont acheté en secret la revue que je dirige, et on m'offre le choix de me déclarer coupable ou de fourberie ou de folie totale. L'appel discret que faisait Franklin Roosevelt au sentiment de la décence publique, n'était pas déplacé.

« Le débridage de cette plaie purulente mérite tout éloge. A l'américanisme prêché par Ireland et par Gibbons, vient maintenant s'ajouter l'américanisme en action de Smith. L'Église catholique en Amérique est, au sens civique, une Église américaine. La conduite de l'Église catholique plane haut au-dessus de toute critique dans cette mauvaise crise. Elle ne sera pas oubliée.

« *Ellery Sedgwick.* »

D'autre part, après l'élection de M. Hoover, *The Washington Post*, qui passe pour l'officieux de l'administration américaine, disait :

« Les manifestations d'intolérance religieuse dans la campagne furent condamnées par les hommes consciencieux de tous les partis et de toutes les religions, comme détestables, injustes et anti-américaines. L'immortel honneur des fidèles romains de toute catégorie, aura été de supporter ces méchantes attaques dans un silence très digne. Les membres de cette Église, en beaucoup de leurs groupes, ont donné un exemple de patience et de tolérance digne d'admiration. Le clergé catholique a aussi été un modèle de calme en face d'accusations fausses et provocantes. Alors que beaucoup de ministres protestants n'hésitaient pas à se servir de leur chaire pour une propagande n'ayant rien d'américain, on ne peut pas citer le cas d'ecclésiastiques catholiques qui les aient imités.

« La campagne est finie. Tous les loyaux Américains doivent accepter le verdict d'une imposante majorité, verdict dont le motif ne fut pas un étroit sectarisme religieux. Les honteuses manifestations d'intolérance doivent s'oublier aussi tôt que possible dans l'espoir qu'elle ne se répéteront pas. A restaurer ces bonnes dispositions, contribuera puissamment l'universelle constatation de l'attitude chrétienne du clergé et des laïques catholiques pendant la campagne. Ils avaient le droit comme Américains, de n'être pas inquiétés dans leur foi, et ils ont doublement prouvé qu'ils méritent ce droit. Leur exemple est une leçon efficace de tolérance et d'impartialité. »

Enfin, un journal de l'État de Virginie, où la campagne anticatholique fut des plus violentes, *The Richmond News Leader*, écrivait : « Les catholiques ont gagné le respect de millions de protestants et de juifs par leur conduite en cette occasion, le moment le plus critique de leur vie en Amérique, depuis que la liberté religieuse y a été conquise... Beaucoup de gens qui ne se fussent pas émus devant une campagne moins bruyante, ont pris la peine de s'informer et ils ne seront plus à l'avenir influencés par la propagande anticatholique du Ku-Klux-Klan. Désormais, toutes les fois que celui-ci essayera de colporter ses haineuses prédications, il se trouvera en face d'hommes et de femmes familiarisés avec les légendes sottes et stupides qu'il fait circuler. C'est un gain. Et puis, tout Américain qui réfléchit a dû être impressionné par le magnifique exemple de maîtrise d'eux-mêmes donné par les catholiques durant cette bataille. Assaillis, comme jamais secte, pas même celle des Mormons, ne l'a été, en Amérique, ils n'ont pas répondu à l'insulte par l'insulte, ni au mensonge par le mensonge. Ils ont prouvé aux yeux de tous leur réelle fidélité aux enseignements de Celui qui lorsqu'Il était vilipendé, ne vilipendait pas ; lorsqu'Il souffrait, ne menaçait pas. Grâce aux manifestations déplacées et extravagantes du Ku-Klux-Klan, l'Église catholique a eu une facilité de se défendre et de se faire connaître, que l'argent n'aurait jamais pu lui procurer. Les catholiques américains ont sans doute découvert, pendant cette campagne, combien l'ignorance est encore répandue, malgré tous les efforts faits par l'Amérique, au profit de l'éducation populaire. »

Cette sagesse des catholiques américains mérite d'être proposée à l'applaudissement et à l'imitation des catholiques d'autres pays.

J'ai même entendu là-bas des coreligionnaires s'étonner qu'on n'ait pas profité d'une occasion aussi favorable après la campagne électorale,

quand les passions étaient apaisées, pour exposer
avec franchise et modération la doctrine de l'Église
si odieusement travestie. Le peuple américain en
immense majorité, même celui ayant voté pour
Hoover, aurait vu avec plaisir confronter l'attitude
des catholiques avec celle des diverses sectes protestantes, en particulier des méthodistes qui se
lancèrent dans les journaux, les meetings et leur
chaire, avec tant de fureur dans la mêlée politique.
On en eût fini avec le scandale de cet évêque
méthodiste de la Virginie, Cannon, qui menait ses
ouailles à l'assaut du candidat Smith, tout en
spéculant sans pudeur à la Bourse.

Les faits que je viens de rapporter m'amènent
à faire une remarque importante qui paraîtra
étrange à beaucoup d'Européens, sur le caractère
de l'État américain.

On ne peut dire qu'il soit laïque ou neutre. Il
est protestant par la majorité de ses citoyens
et de ses administrateurs; il l'est par ses manifestations publiques. Même ses écoles ne sont
pas neutres. Dans la plupart des universités
l'assistance à certains offices religieux protestants
est imposée, et dans la majorité des écoles primaires officielles, sous la tutelle des divers États,
la lecture de la Bible est obligatoire. L'État protestant américain issu des *Pilgrims fathers*, puritains ardents, a, il est vrai, inscrit dans sa constitution la tolérance des autres confessions qu'accor-
dèrent les premiers les catholiques, en arrivant au
Maryland. Occupé à organiser et exploiter matériellement le nouveau continent, il dut laisser

aux religions, un champ d'action que les cités européennes, arrivées à l'âge adulte, leur enlèvent ou leur disputent âprement. Il leur permit de garder et administrer d'une manière très indépendante et même en les dégrevant, leurs écoles à tous les degrés, leurs hôpitaux, leurs maisons charitables, comme aux premiers jours de la colonisation où le missionnaire était instituteur et garde-malade.

Sauf celles des catholiques ou des juifs, toutes les grandes universités américaines doivent leur fondation à des sectes protestantes. Elles en tirent leur caractère. L'école publique n'est plus une école paroissiale, parce que les confessions étaient impuissantes à servir tous les besoins éducatifs des citoyens, et surtout parce que les protestants gouverneurs, députés, juges, dénonçaient la deuxième comme le grand obstacle à l'américanisation. Ils l'accusaient de maintenir les divisions religieuses linguistiques et raciales. Ces mêmes raisons n'amèneront-elles pas un jour à établir un ministère de l'Instruction pour toute la confédération siégeant à Washington ? D'autre part, le protestantisme s'effritant et se laïcisant de plus en plus, ne verra-t-on pas dans quelques années la Chambre des députés et le Sénat voter une loi, imposant dans toute la République l'enseignement laïque et obligatoire ? Les universités seront les plus difficiles à amener dans le cadre. Elles disposent d'une grande influence politique, elles sont très riches, d'aucuns disent trop riches...

Mais, en raison même de cette dilution rapide du protestantisme qui les créa et les héberge, elles sont aujourd'hui, en beaucoup d'endroits, des foyers non seulement de laïcisme, mais d'athéisme agressif. Je l'ai déjà dit. L'État protestant en déliquescence, ne prépare-t-il pas la voie à un État non pas neutre, mais agnostique militant au goût de Santayana ou de Mencken ?

# CHAPITRE X

## Le Congrès eucharistique de Chicago.



Un des faits saillants de la vie du catholicisme américain au début du $XX^e$ siècle, fut le Congrès eucharistique de Chicago du 20 au 24 juin 1926. Ayant prêché, cette année-là, le carême à la Nouvelle-Orléans, je le suivis de près. Je pus, en témoin direct, apprécier l'importance et la portée de cet événement.

Il fut préparé de loin et fébrilement à la manière américaine. L'archevêque de Chicago avait envoyé des invitations personnelles aux membres de la hiérarchie ecclésiastique du monde entier, des cardinaux, aux monsignors. Vingt-trois comités de 250 membres chacun, fonctionnaient pour organiser les logements et recevoir les hôtes. Plus de 12.000

hôtels et maisons particulières de citoyens de toute croyance, firent des offres de services pour les congressistes. 50.000 autos furent mises à leur disposition. Le nombre des étrangers attendus dépassait dès le 20 mars, plus d'un million.

Je me trouvais à New-York le 14 juin quand y arrivèrent les sept cardinaux européens, avec le légat du pape à leur tête. Ils défilèrent en auto pendant trois heures dans la 5e avenue, l'une des grandes artères de la Cosmopolis. Plus de 500.000 personnes prirent part à cette imposante procession catholique, la première qu'ait vue les États-Unis. Elle se dirigea vers la cathédrale Saint-Patrick. Le cardinal Bonzano y fût reçu solennellement par le cardinal Hayes, archevêque de New-York, comme envoyé du Pontife romain à l'Amérique.

Le congrès se trouvait de fait commencé. Déjà 20.000 pèlerins étaient arrivés à Chicago de toutes les parties du monde, même de la Chine.

A la tête de la délégation de ce pays, se trouvait M. Joseph Lo Pa Hong, chevalier de Saint-Grégoire, connu comme le Rockfeller de l'Orient. De son immense fortune, il entretient 30.000 Chinois catholiques. Il fit cadeau au cardinal Mundelein d'une chasuble, de quatre dalmatiques, d'une chape, d'une étole, d'un manipule, d'un voile brodé d'or, de perles, de jade et d'agate de diverses couleurs. Le dessin représentait le blé et la vigne, symboles de l'eucharistie. Ces ornements d'un prix inestimable, confectionnés par les religieuses d'un hospice chinois, avaient été offerts à l'archevêque de Chicago, à condition que le légat du pape les porterait à la messe dite par lui pendant le congrès, le Jour des Enfants.

Le 15 juin, le légat, les cardinaux et leur suite, se mettaient en route pour Chicago, dans le « Train Rouge » que la Pullman C^{ie} avait fait construire à leur intention. Il comprenait 7 wagons peints, même les roues et leurs essieux, en rouge cardinalice. Le premier, après la locomotive, formait belvédère et avait une bibliothèque avec des livres assortis pour distraire les éminents voyageurs fatigués de voir le pays parcouru. Après ce wagon, il y en avait trois autres somptueusement décorés avec six chambres et trois salons. Le dining-car avait des tables sculptées, couvertes de fine batiste. Son argenterie portait les armes du cardinal Bonzano.

Celui-ci disposait d'un wagon pour lui seul, avec cinq magnifiques chambres décorées des insignes de sa fonction. Des draperies et des tapisseries ornaient les plafonds et les côtés. Chacun des wagons portait un nom fameux dans l'histoire catholique. Le wagon restaurant s'appelait « Sainte-Marie du Lac », nom donné au séminaire de Mundelein près de Chicago. Les noms des autres wagons étaient : Pape Pie XI, Cardinal Bonzano, Cardinal Hayes, Évêque Quarter, premier évêque de Chicago, P. Marquette, (le premier Européen qui découvrit les Grands Lacs et Chicago), Charles Carroll of Carolton, parent du premier évêque de Baltimore, et le seul catholique qui signa la Constitution américaine après la défaite des Anglais.

Ce train somptueux dont la valeur représentait quelques millions de dollars, inspirait le 14 juin à un rédacteur du *New York Times*, un article remarquable, révélateur de l'âme américaine et de ses sentiments à l'égard du catholicisme, en général, et du Congrès eucharistique, en particulier. N'oublions pas que le directeur de ce journal le plus influent de l'Est des États-Unis, est un juif, M. Ochs. On sera donc heureux de voir traduire ici cet article.

« Quel contraste entre la marche triomphale des cardinaux à Chicago par le « train Rouge » et la tentative du premier Européen connu, un prêtre français, pour atteindre l'endroit où s'étend maintenant l'immense cité. Près du sentier à porteurs entre les Grands lacs et la vallée du Mississipi, dans ces terres souvent inondées quand le fleuve débordait, la première habitation européenne fut construite. Elle abrita le P. Marquette, prêtre jésuite, fils d'une vieille et honorable famille de Laon, en France, venu là pour évangéliser les Indiens. Où se trouvait cette hutte en 1673, s'élève maintenant une croix dont une inscription rappelle que le P. Marquette fut le premier blanc connu qui mit le pied en cette région. Il ne vit pas, même en rêve, qu'une puissante cité surgirait de cette glaise noire, et que les Princes de l'Église passeraient par où il avait passé. Sa pensée, avec sa passion d'explorateur, était concentrée sur le salut des âmes des sauvages. Ce qu'il écrit sur son expédition le prouve :

« Ce voyage n'eut-il apporté que le salut d'une « seule âme, je me serais cru bien payé de mes « fatigues. J'ai toutes raisons de croire que mon

« souhait a été réalisé. En retournant je visitai
« les Indiens du Peoria, et je restai chez eux trois
« jours pour prêcher la foi, dans toutes leurs
« cabanes. Après quoi, comme je m'embarquais,
« on m'apporta un enfant qui se mourait. Je le
« baptisai avant qu'il n'expirât, grâce à une
« admirable providence qui voulait sauver son âme
« innocente. »

« Quel que soit notre credo, nous devons applaudir
sans arrière-pensée le sublime désintéressement,
le zèle héroïque et le dévouement. Dans la personne
du P. Marquette, il s'impose à l'admiration de ceux
qui, maintenant, habitent une région que Tocque-
ville appela « la plus magnifique demeure préparée
« par Dieu pour abriter l'homme, cette vallée
« destinée à donner un monde d'expériences pour
« la démocratie et à devenir le cœur de l'Amérique ». Marquette la rendit sacrée non seulement
par son zèle pieux, mais par son martyr.

« D'après ce que raconte l'épitaphe de la croix
noire, on estime que le P. Marquette et son compagnon Joliet firent 2.500 milles (2.750 kilomètres)
en canot en cent vingt jours. Ils avaient avancé
par eau, depuis le bas Saint-Laurent aux rives
supérieures du Mississipi, qu'ils descendirent
jusqu'à l'embouchure de l'Arkansas. Ensuite, ils
retournèrent aux Grands Lacs. Les cardinaux
voyageront non seulement plus vite et plus confor-
tablement, mais par un chemin plus court que celui
que ces pionniers, messagers de la foi, suivirent
dans leur course tortueuse et torturée par eau, près
des rapides et des effrayantes cataractes, sur des

sentiers à porteurs, courant au milieu des solitudes
« qui eussent lassé les ailes mêmes de la pensée ».
Mais si ces Princes de l'Église, environnés d'hom-
mages et de luxe, oubliaient l'esprit de ces pionniers,
leur mission serait vaine.

« Ils doivent retremper leurs mémoires et leurs
desseins dans l'esprit de ceux dont l'historien
Bancroft a écrit : « Pas de cap ne fut tourné, pas
« de rivière ne fut explorée, dont un jésuite n'ait
« montré le chemin. » A la lettre, les chandelles
de leurs autels primitifs éclairèrent les sentiers
des premiers explorateurs de cette vallée, du golfe
du Saint-Laurent au Mississipi et au delà. En 1642,
Maisonnneuve, soldat et mystique, dressa un de
ces autels à l'endroit où est aujourd'hui Montréal.
Il fut remplacé peu après, mais la plume fidèle
et précise de Parkman nous en a conservé le souvenir :

« Le jour touchait à sa fin, le soleil s'éteignait
« derrière les forêts de l'Ouest. Le crépuscule arrivait.
« Les mouches phosphorescentes scintillaient sur
« la plaine sombre. Ils en prirent quelques-unes et
« les liant ensemble avec un fil, en brillants festons,
« ils les suspendirent devant l'autel où l'hostie
« était exposée.

« Le prêtre, le P. Vincent, vêtu de ses riches
« ornements, dit à la petite assistance qu'ils étaient
« le petit grain de moutarde qui croîtrait et éten-
« drait ses branches sur la terre. Sa prophétie était
« plus vraie qu'il ne le croyait lui-même. En 1910,
« en ce même endroit, plus de 10.000 personnes
« s'agenouillèrent durant le Congrès eucharistique

« devant un autel dressé en plein air, éclairé par des
« lampes puissantes au lieu de l'être par desmouches
« phosphorescentes. » Des centaines de mille
s'agenouilleront à l'endroit où le P. Marquette
célébra la messe à Chicago, avec Pierre et Jacques,
ses seuls compagnons et les seuls communiants. »

L'ouverture officielle du Congrès devait avoir
lieu le 20 juin, mais, en raison des foules énormes
déjà présentes, on avait décidé de faire des réunions
dès le 17. Le 18, eut lieu une démonstration civique
à travers les rues. Le 20, à minuit, les messes
commencèrent dans toutes les églises. Le matin,
une messe solennelle fut célébrée à la cathédrale
et dans les autres édifices du culte de la ville. Le
lundi 21, 60.000 enfants chantèrent la messe au
*Soldiers'Field*. C'est un immense amphithéâtre
en plein air près du lac Michigan, où Chicago est
à l'aise pour ses fêtes, et où devaient se dérouler les
grandes cérémonies publiques du Congrès.

Je n'avais quitté New-York que le 21 juin, à cinq
heures du soir. Le train suit l'Hudson jusqu'à
Albany. Le paysage qu'il traverse est l'un des plus
beaux que j'aie vus en Amérique.

Je n'en excepte pas les rives du Mississipi que
j'avais eu le loisir d'admirer, pendant les quatre mois
de séjour et de prédication à la Nouvelle-Orléans.
Le Mississipi débordant parfois, on a dû contenir
ses eaux entre de hautes « levées » qui, depuis
Bâton-Rouge, capitale de la Louisiane, jusqu'à
son embouchure, le dérobent aux yeux du prome-
neur et du voyageur en automobile et en chemin de

fer. L'Hudson, au contraire, enflé par la marée, étale ses eaux dans une large et verte vallée, que surplombent des collines en pente douce ou des rochers coupés droits qu'on appelle « palissades ».

On laisse l'Hudson à Albany qu'on atteint vers neuf heures. La nuit était déjà tombée. Dans mon pullman entrèrent deux prêtres qui me demandèrent en français si j'allais au Congrès eucharistique. Je les pris pour deux Canadiens. L'un était un Suisse, d'origine italienne, aux cheveux blancs, curé d'une paroisse trilingue du Vermont, et l'autre, un prêtre jeune et robuste, curé dans le même État de quatre missions disséminées, sur un territoire plus vaste qu'un arrondissement français. Nous parlâmes. Le jeune prêtre m'apprit qu'il était d'origine irlandaise, il avait fait ses études au Collège américain de Louvain. Il avait eu là comme professeur et directeur spirituel le P. Vermeersch, l'illustre jésuite belge, maintenant au Collège romain, dont il gardait un impérissable souvenir. Je lui dis que j'avais vu dans les journaux qu'il était au Congrès et que j'espérais le rencontrer. Il me fit promettre de l'avertir et de lui donner son adresse. Le bon curé suisse, qui avait pris dans son petit sac pour se distraire les *Pensées de Pascal*, observa qu'il avait lu dans un journal italien des États-Unis, que le P. Vermeersch était « le plus grand théologien de l'heure présente ».

Nous nous couchâmes dans nos «pullmann», aux couchettes « confortables », à onze heures. A huit heures, le lendemain, nous étions à Cleveland. Depuis Buffalo, le train suivait le lac Erié que nous ne devions quitter qu'à Toledo. Là, nous entrâmes dans la région fertile et bien cultivée des *farmers* du Middle West. Prairies, champs de blé et de maïs s'étendent à perte de vue des deux côtés de la voie ferrée.

*<br>* *

On arriva très exactement, à l'heure fixée, à Chicago, à 4 heures du soir. Je pris un taxi et me fis conduire au numéro 1517 du boulevard Logan, où est l'église Saint-Jean Berchmans, rendez-vous des Belges. Je sonnai à la porte du magnifique presbytère qui s'aligne sur une de ces vastes et longues avenues ombragées, qui sont la gloire de Chicago. Une *house keeper*, au bon sourire illuminant sa figure, vint m'ouvrir. S'apercevant sans doute que mon anglais n'avait pas toute la pureté d'accent du terroir, elle me répondit en excellent français de la Flandre occidentale, d'où elle était. Elle me dit que le P. Devos, le curé qui m'attendait, se trouvait dans la salle des Œuvres, où les Belges et les Hollandais tenaient leur réunion. Je m'y rendis. L'archevêque d'Utrecht la présidait, entouré de Mgr Heylen, évêque de Namur, de Mgr Vuilstecke, évêque de Curaçao, et de quelques autres prélats. On y parlait flamand. Bien que connaissant l'allemand, il ne me fut pas possible de suivre l'exposé des idées. Le P. Devos m'en fit le résumé dans la soirée. Belges et Hollandais dirent la foi de leurs peuples et la pratique quotidienne ou hebdomadaire de la communion. Le curé de Saint-Jean Berchmans insista sur l'excellent effet produit par le Congrès eucharistique en des âmes jusque-là indifférentes. Dans sa paroisse flamande, l'une des moindres de Chicago, qui compte environ un million et quart de catholiques, il avait eu, à cette occasion, 1.700 communions et 75 conversions.

Le soir de mon arrivée, après un banquet organisé par les prêtres belges et hollandais, et où je fus invité, une auto nous amena au *Soldiers'Field*. Là, le matin, sur un autel dressé à l'endroit le plus élevé, sous un baldaquin soutenu par quatre hautes et larges colonnes, avait été célébrée, le 21 juin, par le légat du pape, entouré des autres cardinaux, la messe pontificale. On a évalué à près de 700.000 le nombre des assistants. La nuit du 22 juin, l'amphithéâtre était réservé aux hommes seuls, et la Société du Saint-Nom que dirigent les dominicains, était chargée d'organiser la manifestation.

Nous entrâmes avec mes amis au *Soldiers'Field* à 8 h. 30. Sous les lumières violentes des arcs électriques, nous pûmes apercevoir les grappes humaines étendues sur les gradins de l'amphithéâtre, à gauche et à droite. Sous le baldaquin de l'autel, étaient suspendus six haut-parleurs qui portaient la voix des orateurs aux extrémités de cette fourmillière d'hommes qu'on a pu évaluer à 500.000. Sept orateurs, que le public ne voyait pas, se succédèrent devant le microphone. Ce que j'ouïs me parut banal. Ici, comme dans tout le Congrès, sauf deux ou trois exceptions, je n'ai pu entendre un discours, lire une adresse qui répondit aux sentiments qui s'agitaient dans le cœur des multitudes, accourues à

Chicago et de celles qui, dans tous les États-Unis, suivaient attentives les péripéties de ce grand événement. Il manqua l'âme d'un Gibbons, d'un Ireland ou d'un Spalding pour interpréter l'âme américaine et humaine devant ce grandiose spectacle de foi, de sympathie et de tolérance, et pour la reposer de lassants lieux communs.

Après les discours qui s'allongèrent dans la nuit, les bougies que portaient les 500.000 auditeurs s'allumèrent dans tout l'amphithéâtre. Parmi le clair-obscur qui enveloppait les gradins, leur scintillement donnait l'impression de milliers de vers luisants, attachés aux brins d'herbe d'une prairie. A son tour, l'autel, dressé sur une élévation près de laquelle on avait disposé des trônes pour les cardinaux, s'illumina. Autour, l'immense cité, avec sa clameur de trains, de tramways, de bateaux ; ici, le chant de l'adoration du *Tantum ergo* s'échappant du cœur et de la bouche de ces milliers de croyants, quand le cardinal Mundelein exposa le Sacrement du Pain, voile couvrant ici-bas le Christ ressuscité et immortel. Enfin, dans le silence des têtes inclinées et des étoiles témoins étonnés, la bénédiction fut donnée avec l'ostensoir. Tout près, sur le lac, les sirènes sifflaient ; les *elevated* roulaient sur les rails et au-dessus des toits et des rues, leurs wagons de voyageurs couraient à leur travail ou à leur repos.

Nous eûmes toutes les peines du monde à délivrer notre automobile de l'encombrement de la foule et des autres voitures. On rentra fort tard au presbytère.

Le lendemain, 23 juin, nous voulûmes assister à une messe solennelle du rite uniate en l'église grecque catholique Saint-Nicolas de Chicago. Elle fut célébrée par un archevêque ukrainien dont le nom m'échappe. Au chœur assistaient plusieurs prélats de divers autres rites. L'église assez grande était remplie. On nous donna à l'entrée une brochure où *La divine liturgie de saint Jean Chrysostome* avait été traduite en anglais. Nous pûmes suivre la cérémonie dans ses divers détails. La caractéristique de la messe grecque est l'union intime du célébrant avec les fidèles. Les assistants y paraissent des acteurs du drame associés au prêtre. « Quand verrons-nous cela dans le rite latin ? » disait un prêtre belge, curé d'une grosse paroisse du diocèse de Saint-Louis. Le chant du célébrant, un peu pleurard et monotone, éveillait les réparties vivantes et riches d'harmonie d'un chœur puissant et souple. L'évêque uniate d'Antivari, siège fondé par saint Paul, adressa la parole à l'audience en anglais et en slave. Il remercia les Américains de leur générosité et exposa les tribulations de son peuple.

Un trait montrera la bonne volonté et l'ignorance des journaux américains. La plupart de leurs reporters sont de jeunes protestants. L'un d'eux, tout fier d'avoir pu obtenir pour son quotidien un cliché de la cérémonie grecque uniate, avait mis cette indication sous la photo : « Les catholiques romains, qui ne sont séparés des grecs que par l'obéissance au pape, se témoignent leur amitié en célébrant ensemble leurs rites. »

Le 23 juin, après le déjeuner dans la famille de M. Gustave Joseph, un Flamand de Gand enrichi dans le commerce des stores, on décida d'aller voir la cathédrale pour y faire adoration devant le Saint-Sacrement exposé depuis le début du Congrès.

Chicago est sans doute la ville la plus étendue du monde. Les distances y sont « colossales », diraient les Allemands qui abondent ici plus qu'ailleurs aux États-Unis. Ils y forment un quart de la population et y ont amassé de jolies fortunes. Il nous fallut plus d'une heure pour atteindre le but de notre course en auto. En chemin, nous parcourûmes des parcs magnifiques et vastes, des avenues à perte de vue, le légitime orgueil de la cité. On rencontra la « Chicago River » à l'endroit où ses deux branches se soudent pour former une branche unique, qui se jetait auparavant dans le lac Michigan. On l'a détournée par un canal, pour la déverser dans l'Illinois qui va vers le Mississipi. Par elle, les grands navires pénètrent dans la ville et plus loin.

Les Indiens avaient donné à cette rivière, qui des côtés nord et sud court parallèle au lac, le nom de Chicago qui signifie skung ou animal puant, à cause de ces bêtes qui étaient là très nombreuses. Ce serait vers l'endroit où se rejoignent les deux branches du Chicago, que le 15 décembre 1674, le P. Marquette, jésuite originaire de Laon, aurait dit « la messe de la Conception », la première célébrée dans l'Illinois. Il arrivait du Canada et depuis plusieurs années cherchait, en suivant les grands lacs et les rivières qui s'y déversent ou en sortent, à explorer le Mississipi, appelé par les Indiens « Père des Eaux ». Arrivé à l'embouchure de l'Illinois qui s'ouvre sur le Mississipi, 60 kilomètres avant le Missouri, il le remonta. Dans l'été de 1673, il se trouvait chez les Indiens de Peoria où il baptisait, en son canot, un enfant mourant de cette tribu que ses parents lui apportèrent. Suivant le cours de l'Illinois vers le Nord, il passa dans son affluent, appelé maintenant le Des Plaines. Là il trouva un « portage », établi par les natifs d'où sa barque fut transportée dans le Chicago sud qu'il suivit jusqu'à l'endroit, où les deux branches, après s'être jointes, se jettent dans le lac. Malade, il passa l'hiver de 1674-1675 dans une cabane non loin de l'endroit où la rivière stagnante, formée sans doute par les dunes du lac, se raccorde à lui.

En passant sur le large pont-levis jeté là pour permettre aux omnibus, taxis et tramways de circuler, quand il n'y a pas de bateaux arrivant du lac ou y entrant, un de mes compagnons fit cette remarque : « Que diraient le P. Marquette, ses deux compagnons et les Indiens qu'ils venaient évangéliser ici, s'ils sortaient de leurs tombeaux ? — Ils se hâteraient d'y retourner, fis-je observer, pour retrouver la paix et ne pas se perdre, comme cela m'est arrivé déjà dans cet entrelacement rectiligne de rues, de boulevards, d'avenues que surplombent des skyscrapers ou des tours géantes parfois élégantes, comme celle de la « Chicago Tribune ».

Le contraste entre cette cabane en écorce d'arbres et de branches sèches qui servit à ce mission-

naire français, de cuisine, de chambre à coucher
et de chapelle en une sauvage solitude, et la colos-
sale cité qui s'est dressée autour de sa hutte, près
de ce lac, devrait exciter l'imagination d'un poète
et lui inspirer un noble chant. N'oublions pas
que le Chicago qui, maison par maison, s'était élevé
depuis 1673 près du Michigan, fut à peu près
complètement brûlé par l'incendie monstre de
1871. La ville actuelle, avec près de trois millions
d'habitants, a été construite en soixante ans.
Tous les jours, elle s'étend et sa population aug-
mente. Étrange population accourue des quatre
coins de l'Europe, plus mêlée encore que
celle de New-York et des autres cités américaines,
avec prédominance de l'élément germanique. Ceci
expliquera pourquoi le maréchal Joffre ne put
y être reçu pendant la guerre.

A l'endroit où le P. Marquette séjourna en 1673
et en 1674, on a élevé une grande croix de bois.
Alentour se réunirent le 22 juin deux cents pèlerins
d'origine française. Il y avait des Acadiens de la
Nouvelle-Écosse, des Canadiens de Montréal et
de Québec, des Louisianais. Ils déposèrent une
couronne de lauriers au pied de la croix. Plusieurs
évêques, d'origine française, s'étaient joints aux
pèlerins. Parmi eux, Mgr Mathieu, archevêque de
Regina, et Mgr Prudhomme, évêque de Suskatoon
(Alberta-Canada). Celui-ci prononça un éloquent
discours dont je veux citer ces paroles : «La France
est fière que la première messe dite ici en ce pays
neuf l'ait été par un de ses enfants; elle est
fière de ses prêtres qui ouvrirent un monde nouveau

au Dieu de paix. Leur course en ces contrées, est une preuve splendide de l'endurance, humaine. »

Mais Marquette me fait oublier que nous avions déjà atteint, avec notre auto, la cathédrale pour nous joindre aux adorateurs.

Les rues de la ville basse, d'ordinaire encombrées par le trafic toujours intense, l'étaient davantage encore ce jour-là. Les pèlerins s'y pressaient et bousculaient. Nous dûmes attendre longtemps aux coins des rues où les lumières des disques rouges arrêtent automatiquement les voitures. Il faut avant de pouvoir aller plus loin que le disque jaune paraisse. En d'autres endroits, c'est encore plus clair : le disque dit *stop* (arrêtez-vous), en attendant qu'il s'éteigne et qu'apparaisse : *go* (avancez) !

Nous pûmes enfin avancer et arriver à la cathédrale. C'est un monument en pierre blanchâtre de style gothique, flanqué sur la droite de la porte d'entrée, d'un clocher élancé. Elle était remplie. Un chapelet humain marchant l'entourait qui s'évanouissait dans la rue. Des agents le maintenaient. Ceux qui formaient chaque grain, pieux et recueillis, attendaient leur tour de dévotion. Pour attendre le nôtre, nous aurions dû passer là la nuit. Il fallut nous contenter d'une adoration de cœur à l'adresse du divin sacrement exposé, environné des rutilantes lumières que nous apercevions.

Cette piété patiente et recueillie de milliers de croyants, parmi les agitations de la ruche humaine de Chicago, me toucha profondément.

Le 24 juin était le grand jour. J'aurais bien tenu à assister à la procession. Mais l'endroit où elle devait se dérouler est à 50 kilomètres de Chicago. Pour y aller en auto, il eût fallu partir le soir et j'avais un rendez-vous qui ne me le permettait pas. Le lendemain, j'aurais pu prendre l'un des chemins de fer qui toutes les deux minutes déversaient des centaines de pèlerins sur Mundelein. Mais, aimant peu les foules, je craignis de me perdre parmi elles, sans aucune chance de voir la procession. Je me décidai donc à accepter l'invitation à déjeuner que m'envoya le doyen de la faculté protestante de l'université de Chicago, M. Schailer Matthews. Nous étions déjà en relations. Il a écrit un livre de valeur sur l' *Enseignement Social de Jésus-Christ* que j'ai cité plusieurs fois dans mes ouvrages sur la même question.

L'université de Chicago, l'une des cinq ou six universités de cette ville (parmi elles celles des jésuites et des lazaristes), est située dans l'un des faubourgs, près du lac. Elle comprend plusieurs bâtiments de construction assez élégante, adaptés chacun à des études spéciales. M. Schailer Matthews m'en fit vivement visiter quelques-uns, parmi eux la chapelle en gothique anglais et de très bon goût, qui devait être achevée pour le mois d'octobre. « Elle servirait, me dit le doyen, à toutes les dénominations protestantes dont les jeunes gens se préparaient ici à leur ministère. » Je lui demandai ce qu'il pensait de Fosdick, un jeune pasteur baptiste, chef des « modernistes » que les « fondamentalistes » de sa confession ont rejeté. Il a une forte influence sur les jeunes protestants des universités américaines. On l'a même invité en Angleterre à donner une série de conférences dans les grands centres intellectuels. Ses partisans ont construit pour lui à New-York un temple, où il peut développer sans crainte et à loisir ses théories. M. Schailer Matthews, qui est baptiste aussi, ne me cacha pas ses sympathies pour le pasteur Fosdick. Je fis observer que j'avais lu de lui un petit livre dont la phraséologie m'avait désappointé. « Pas surprenant, me dit M. Schailer Matthews, Fosdick est surtout un orateur qui soulève l'enthousiasme des jeunes. »

A ce moment, nous passions près d'une maison large et haute que des ouvriers se préparaient à transporter, dans quelques jours, à une vingtaine de mètres plus loin. Ces Américains ne reculent devant rien !

Au déjeuner, nous abordâmes plusieurs sujets intéressants. Je demandai au doyen s'il ne pensait pas qu'un jour ou l'autre la liberté religieuse et scolaire serait menacée aux États-Unis : « Je ne le crois pas, me répondit-il. Un moment arrivera où les propriétés des églises seront taxées. Vous savez que ces propriétés affectées au culte ne paient pas d'impôts. La question des mariages mixtes soulèvera aussi des difficultés, car de plus en plus l'État prétendra monopoliser ce contrat.

« Et que dites-vous du congrès eucharistique ? — Nous avons fait de cette question, le sujet d'une de nos conférences, où un catholique, un protestants et un juif ont exprimé leurs points de vue.

Je pense que ce seront surtout les masses catholiques croyantes qui profiteront de cette manifestation. Elle contribuera à rendre encore plus populaire le Christ en Amérique où il l'est déjà tant. »

Je lui rappelai le livre publié il y avait vingt-cinq ans par M. Stead : *Si le Christ venait à Chicago.* Il avait eu un immense succès qui confirmait ses vues sur la popularité du Christ en son pays. Je l'avais lu à New-York avant de venir ici : lui, l'avait lu au moment de son apparition.

Il eût désiré me présenter au professeur Dodd, l'historien du président Wilson, mais il n'était pas là. Lui ayant dit que son université passait pour être la fondation de M. Rockfeller : «Oui, me dit-il, mais depuis quinze ans, il n'a pas donné un dollar. »

Il me parla de la vague de crimes qui déferlait déjà sur Chicago et qui préoccupait tous les esprits sérieux et les responsables de la cité. Il l'attribuait à une bande de *bootleggers* (contrebandiers) appartenant pour la plupart à une nation que je ne nommerai pas.

*<br>* *

Le soir du 24 juin, nous dînions chez un ami du P. Devos établi depuis longtemps à Chicago, M. Quilty. Il était ingénieur et avait connu le curé de Saint-Jean-Berchmans, quand celui-ci réalisait dans le Nebraska une œuvre splendide de pionnier et de missionnaire.

Parmi les hôtes, se trouvait un jeune prêtre dont les traits et la couleur rougeâtre, dès l'abord me frappèrent. Rien d'européen, dans son extérieur.

C'était le premier prêtre catholique indien des États de l'Ouest. Ceux de sa race ont là des « réservations » que le gouvernement fédéral protège. Leur nombre ne dépasse guère 200.000. Ils ont été décimés jadis par le whisky que les settlers leur faisaient boire pour mieux les abêtir et les dominer.

Le P. Gordon ainsi s'appelait l'ami de M. Quilty, qui avait quitté sa réservation, pour assister au Congrès eucharistique, nous donna sur la situation des Indiens des détails intéressants. La phtisie les ravage et les autorités ne se préoccupent pas assez de les défendre contre ce mal terrible et contagieux. Ils n'ont ni assez de médecins, ni assez d'écoles, ni assez de prêtres : mal logés, ils s'entassent dans leurs cabanes. Les blancs, sous une forme ou sous l'autre, continuent à les exploiter.

L'intelligence et le bon sens du P. Gordon me frappèrent. Si ses compatriotes sont à son niveau, ils méritent un autre traitement que celui dont il se plaignait.

J'ai pu avoir quelques indications supplémentaitàires sur lui. Il est né en 1886 et a eu 16 frères ou sœurs. Il appartient à la tribu des Chippewa. Il étudia un an en Europe. Curé de la paroisse irlandaise Saint-Patrick près de Centuria (Wisconsin), il peut s'occuper des Indiens qui ont, non loin de là, une réservation. Ils ne l'appelaient que Tibishkoijik « signe dans le ciel » nom donné à ses ancêtres, il y a trois ou quatre siècles. Interrogé sur le problème religieux parmi les siens, il répond :

« L'Indien est troublé par tout ce qu'il constate chez les « visages pâles ». Je me souviens de l'histoire d'un de nos chefs. Il avait connu un prêtre comme moi n'ayant pas de femme. Il trouva ensuite un ministre qui en avait une. Enfin un mormon se présenta à lui_ avec trois. Comme ces trois chrétiens ne paraissaient pas savoir combien un homme devait avoir de femmes, l'Indien décida de rester païen. »

*
* *

Le 25 juin au matin je me précipitai sur les journaux pour avoir des détails sur la grande procession à Mundelein, à laquelle je n'avais pu assister. L'affluence avait dépassé toute attente. Les trains seuls avaient déversé 427.000 personnes à l'endroit où elle devait avoir lieu. En fixant à 300.000, le nombre de ceux que les autos ou d'autres moyens de locomotion avaient portés, on peut estimer à 660.000 les congressistes accourus à la procession. Beaucoup étaient arrivés le soir et avaient dormi à la belle étoile ou dans leurs autos. Un journal prétendait que 75.000 de ces autos avaient été parquées sur un même espace de terrain.

Après la messe chantée dans la chapelle du séminaire, la procession commença le long du lac Sainte-Marie. Un gros orage avec tonnerre, grêle et pluie qui dura près de deux heures, la troubla. Au dire d'un quotidien, il endommagea pour plus de 200.000 dollars de vêtements et d'ornements sacrés. Des accidents, quelques-uns graves, furent à déplorer. De l'avis de beaucoup, la procession eût évité ces inconvénients, et eût produit plus d'effet dans le Stadium de Chicago. Elle s'y serait déroulée devant des millions de spectateurs.

Une famille amie m'emmena le soir, avec M. Devos et un prémontré hollandais, visiter Mundelein. C'est un village à 50 kilomètres de Chicago. Des routes lisses et goudronnées, ombragées d'arbres et jalonnées des deux côtés de jolies maisons où viennent les millionnaires, leurs affaires terminées, y conduisent. De vertes prairies, des champs de maïs ou de blé s'étendent dans une plaine un peu monotone. Nous mîmes plus d'une heure et demie pour y arriver. Les quatre bâtiments du séminaire se rangent parallèles sur une éminence qui domine un lac. Au milieu se dresse la chapelle de forme rectangulaire, précédée d'un portique à colonnes, comme les temples grecs. Il serait beau pour toute autre construction. Cette chapelle qui a l'apparence extérieure d'un marché couvert, rappelle, me dit-on, les églises des premiers temps de la colonisation. L'intérieur serait commode pour des séminaristes, mais vulgaire. Je n'ai pu le visiter. Je fis observer à mes amis en voyant les quatre masses en briques rouges, qu'elles rappelaient les casernes de chez nous. Le site avec ses vieux arbres, ses pelouses naturelles, ses rochers et son lac oblong courant loin à l'horizon, est ravissant. Il attendait une architecture déliée, gaie, adaptée à ses charmes et à son pittoresque. Les blocs rouge et noir le déparent. On a supprimé les pentes amenant au lac et construit sur ses bords une jetée surmontée d'un belvédère. Correction de la nature dont l'utilité est problématique!

Le réfectoire se trouve séparé des autres bâtiments. Pour aller à leur repas, les séminaristes doivent braver le froid, le vent, la pluie, la chaleur ou la boue, pendant cinq minutes. On parle, il est vrai, de creuser un souterrain.

J'ai visité les cellules qui s'alignent dans des corridors un peu sombres. Confortables, mais sans luxe exagéré, elles ont des salles de bains et des water-closets dans un cabinet à côté. On évite ainsi, faisait observer un de mes amis, aux séminaristes la tentation de parler et de baguenauder dans les allées et avenues. Les jeunes Américains laïques ou clergymen auraient peu de goût pour le travail intellectuel. On doit aider la nature. L'archevêque, en bon et sérieux Allemand, s'en est préoccupé.

Le nom du village où s'élève le grand séminaire était Area. Il s'appelle maintenant Mundelein en reconnaissance pour le cardinal qui l'a choisi. Au moment où je le visitais, ce séminaire avait 250 élèves.

Il est confié à la direction spirituelle et intellectuelle des PP. jésuites. Les jeunes gens, une fois acceptés dans la maison, ne paient rien. Des prêtres séculiers ont charge du temporel.

L'idée du cardinal était d'avoir ici une université comme celle de Washington. Il espérait que les ordres religieux construiraient aux environs, leurs collèges. Ceux-ci ne paraissent guère entrer dans ses vues. Ils ont acheté très loin de là, du terrain pour leurs établissements.

***

Quelle impression le Congrès fit-il sur les non-catholiques ? Répondre en détail à cette question me mènerait trop loin.

J'ai déjà rapporté l'opinion du doyen de la Faculté protestante de Chicago. L'immense majorité du peuple américain salua l'événement avec sympathie. Le Christ est plus populaire aux États-Unis que dans la plupart des pays européens.

Pourquoi ? Le protestantisme, en se dissolvant en 145 sectes officiellement reconnues, a conservé le respect et le culte des Évangiles. Un supérieur français des sulpiciens dans un grand séminaire de l'Est, me le faisait remarquer. Là, est la raison profonde de l'idéalisme de ce peuple, de son haut standard moral qui flotte au mât du vaisseau qui court audacieux à la conquête de la Toison d'or. Les catholiques, de leur côté, stimulés par l'exemple des protestants, n'ont jamais cessé d'être avant tout des chrétiens fidèles au Christ et à son Évangile autant qu'à l'Église. Des catholiques athées, tels qu'il s'en est déclaré en France[1], leur seraient une monstruosité.

Le Congrès eucharistique de Chicago parut aux Américains protestants, aux incroyants et même aux juifs dont plusieurs ici réclament le Christ pour eux, le moyen propre aux catholiques de l'honorer. Ils s'inclinèrent devant leur geste non seulement par tolérance, mais par dévotion à Celui

1. Voir mon *Enseignement social de Jésus*, t. I, p. 71-80.

qu'ils prétendent aimer et servir autant que
d'autres concitoyens.

Le président Coolidge, traduisant la pensée de
l'Amérique, écrivait le 16 juin au cardinal Mundelein :

« Éminence, l'invitation à assister au Congrès
eucharistique que vous m'avez adressée, est entre
mes mains. Je regrette que mes engagements
soient tels à ce moment, en raison des affaires qui
s'accumulent en une fin de session, qu'ils m'empêchent de l'accepter...

« Il n'est pas possible de créer un système com-
mercial qui ne soit pas fondé sur le crédit, la
confiance et la bonne foi. Sans les principes élémentaires d'honneur et d'honnêteté, pas de progrès
économique. Si les qualités requises des caractères
disparaissaient de nos affaires, tout cet édifice
croulerait.

« Le même principe s'applique à notre gouvernement. Les jours des despotes sont passés. Aucune
contrée n'ose s'appuyer sur la force pour justifier
ses institutions, toutes invoquent la raison. Aucun
gouvernement ne peut durer longtemps, où ses
citoyens ne sont pas convaincus que c'est un gouvernement juste. Notre pays a réalisé quelques
progrès politiques, notre peuple est attaché à la
constitution parce que nos institutions sont en
harmonie avec ses croyances.

« Pour ces raisons, la vie religieuse de la nation
est si importante. Son libre exercice est garanti
par la loi fondamentale du pays. L'Amérique
progresse économiquement, elle est l'asile et la

protectrice de la justice et de la liberté, à cause des convictions religieuses de son peuple. »

N'ayant pu se rendre au Congrès, le président Coolidge délégua pour l'y représenter M. Dawis, ministre du Travail. La veille de l'ouverture, le 19 juin, devant le légat, les cardinaux, les évêques et une foule énorme, après avoir lu la lettre du président, il fit lui-même un discours.

Rappelant d'abord la part prise par les catholiques à la fondation de la province de Maryland et de Rhode-Island, à l'établissement de la tolérance religieuse, disant ensuite leurs progrès en Amérique, leur rôle dans la cité, leur patriotisme, il ajouta : « S'il y a quelques préjugés contre eux, ici, il vient de personnes ayant la spécialité du préjugé et comme tous les pays, nous en avons quelques-unes. » Cette claire allusion au Ku-Klux-Klan, fut ardemment applaudie par les prélats et par la foule. « Notre peuple en masse, est d'un tempérament par nature tolérant... Nous n'avons de querelles avec aucune religion. Toute nation qui refuse d'accorder la liberté du culte, est une nation qui tôt ou tard s'apercevra qu'elle commet la plus profonde erreur. Je puis vous promettre que vous trouverez toujours en Amérique, quelles que soient les conditions qui dominent d'autres parties de cet hémisphère, la liberté que vous voulez avoir pour enseigner votre foi aux jeunes et aux vieux, et être des missionnaires pour nous tous. » Cette allusion non moins évidente à la persécution anti-catholique au Mexique, fut saluée par des acclamations encore plus enthousiastes. Des femmes agitaient leur mouchoir; les prélats et cardinaux échangeaient des sourires; le légat se leva pour serrer la main du secrétaire d'État.

Le maire de Chicago, le gouverneur de l'Illinois, prirent à leur tour la parole pour saluer les congressistes à peu près dans le même sens que le président et son ministre. Samuel Insull, un israélite qui réclama l'honneur de recevoir chez lui le cardinal Dubois, archevêque de Paris, durant le Congrès, parla au nom des laïques non catholiques de Chicago.

« Notre hôte illustre et ses illustres collègues ne seraint pas parmi nous, si le commerce et l'industrie n'avaient pas bâti ici le plus jeune des centres métropolitains du monde. Mais fiers de ce que nous avons réalisé, nous ne devons pas oublier la contribution apportée à notre œuvre par les forces que S. E. le cardinal Bonzano représente personnellement et officiellement. »

Toute la presse consacra journellement des colonnes et des colonnes au Congrès. Elle en parla avec respect et sympathie. L'*Evening World* de New-York, du 2 juin, disait dans un éditorial que la tolérance manifestée en cette occasion par tout le peuple américain, sans distinction de credo, était une magnifique réalisation des idées chères au grand démocrate Jefferson.

Les protestants s'intéressèrent beaucoup au Congrès. Un journal neutre de Chicago, très lu par le peuple et qui appartient au fameux consortium Hearst, eut l'idée, bien américaine, de publier les impressions écrites qu'un de ses reporters était

allé cueillir chez les représentants attitrés des différentes confessions. En voici quelques-unes.

Du Rév. Gover Whimsett, de l'Église presbytérienne sud de Chicago :

« Les protestants peuvent entrer sincèrement
dans l'esprit de ce Congrès, sinon dans la lettre...
Pour des hommes d'Église de tout *credo* qui
réfléchissent, il est consolant et doux de penser
qu'en réunissant ce Congrès, on n'a, à aucun
moment, insisté sur son aspect matériel et vulgaire. On a toujours insisté sur sa portée morale
et spirituelle. »

Du Rév. Thompson, de l'Église méthodiste
épiscopale :

« Il peut y avoir bien des choses dans la manière
de nos amis catholiques romains, pour lesquelles
les Églises protestantes ne peuvent avoir de sympathie. Mais l'eucharistie est un sacrement sublime
où les uns et les autres « montrons la mort du Christ ».
C'est une prédication solennelle de la Croix, et le
plus sacré témoignage que l'Église donne à l'œuvre
réparatrice du Christ. Il est aussi notre témoignage
à l'histoire vivante de la présence du Christ dans
son Église. »

Du Rév. M. Cartney, de l'Église interconfes-
sionnelle de Kenwood :

« Le spectacle de ce Congrès doit être une mise
en demeure aux protestants. Je me demande s'il
serait possible pour eux de réunir une telle masse
sous le stimulant d'un but exclusivement religieux,
et par les moyens les plus modernes de haute
publicité. Nos intérêts sont trop divisés... Nous

sommes pratiquement trois à un, mais nos divisions empêchent l'influence que nous devrions avoir. Le Congrès eucharistique est aussi une mise en demeure à l'Église catholique romaine. Elle a fait une splendide et sérieuse démonstration de sa force, de son unité dans la diversité. Cette force lui impose des obligations. Puisse-t-elle s'élever jusqu'à elles ! Grande est l'opportunité... Je prédis que ce Congrès stimulera la loyauté branlante d'un grand nombre. Beaucoup reviendront à leurs Églises avec une nouvelle vigueur. Que leurs chefs aient le sens de leurs responsabiltés pour les mener à la lumière ! »

Du Rév. Howard Brinker, de l'Église épiscopalienne :

« Autre importance du Congrès : le grand témoignage à notre Maître et Sauveur Jésus-Christ. Est-il un non-catholique qui refuserait d'admettre que, durant ces quatre jours, la cause de Jésus-Christ ait été grandement renforcée ? On ne pourra plus dire en Amérique que le christianisme est défaillant et que l'Église s'affaiblit. Ce Congrès doit fortifier et intensifier la foi, non seulement des fidèles de Rome mais de quiconque suit le Maître. Une autre chose a dû impressionner tout le monde. C'est la grande loyauté et la dévotion manifestées par les catholiques romains de cette ville, et leur enthousiasme inlassable durant ces fêtes. L'Église aujourd'hui a un besoin urgent de dévotion réelle. »

Enfin, je vais donner deux citations qui montreront dans quel esprit les catholiques interprétèrent le Congrès eucharistique de Chicago. J'emprunte l'une et l'autre au *New World*, le grand hebdomadaire du diocèse, dans ses éditoriaux du 26 juin.

Le premier éditorial a pour titre : « L'eucharistie et l'internationalisme. »

« Si les hommes d'État tremblent devant le dilemme du nationalisme et de l'internationalisme, ils peuvent trouver de vives lumières dans l'esprit qui a dominé le Congrès. Quand des gens venus de nations encore séparées par des suspicions et de l'hostilité, ont pu se rencontrer dans l'amour et la concorde en notre cité, leur attitude prouve qu'il existe un nationalisme qui n'exige ni l'abandon de l'autonomie, ni de l'individualité et qui peut servir les plus hauts intérêts de l'humanité. La source et le centre de gravité dans le Congrès était l'eucharistie. Ne pourrait-il pas être la source et le centre d'unité parmi les nations, le principe sain d'un réel internationalisme ? »

Le deuxième éditorial était intitulé : « L'Eucharistie et la Démocratie ».

« L'Amérique est justement fière de l'esprit de sa démocratie. Les habitants de Chicago sont heureux de constater que cet esprit ne s'est nulle part plus ouvertement manifesté qu'ici. Cette démocratie ne rabaisse pas les niveaux, elle les élève. Elle peut laisser à désirer dans la réalisation de son idéal, mais les scènes, dont tout le monde a pu être témoin durant le Congrès, prouvent à l'évidence que son influence bienfaisante sur l'âme des plus hauts socialement et des plus humbles, s'amplifie par l'exemple dans nos relations quotidiennes et dans notre vie civile. »

*
* *

Mais en tout beau tableau, il y a une ombre. On me permettra donc de signaler certaines manifestations nationalistes maladroites. J'entends les mots de colère d'un prêtre belge, curé d'une grosse paroisse du diocèse de Saint-Louis, qui venait d'assister à un discours d'un évêque dans l'Ohio, d'ailleurs distingué, que nous croyions un esprit modéré et un Américain tout à fait assimilé. L'exagération et l'inopportunité des sentiments particuristes du prélat, choquèrent vivement le Belge, cependant d'origine flamande. Il disait : « Mgr X... m'a invité avec d'autres à une réunion sacerdotale des prêtres dévôts du Sacré-Cœur. Le discours que je sors d'entendre m'empêchera d'y aller. » J'aurais condamné ces manifestations d'un nationalisme déplacé, si elles étaient venues d'un Français. *Non erat hic locus!*

Un Italien, le comte Enrico Pocci, « délégué du comité permanent du Congrès eucharistique », s'il faut en croire le *Chicago Evening American* du 22 juin, fit des déclarations aussi inopportunes sur Benito Mussolini dont il se disait « l'ami intime. »

M. Pocci soutint que « Mussolini ne pouvait en aucune façon être appelé un dictateur. On devait l'appeler le serviteur des masses, car il faisait tout ce que le peuple d'Italie lui dictait ! ». M. Pocci pensait comme cet autre Italien qui, sur le bateau m'amenant aux États-Unis, me déclara sérieusement que « Mussolini était un autre Jésus-Christ ».

Certains prélats, jadis, en France, se contentaient de comparer Napoléon Ier et Napoléon III, à Constantin et à Charlemagne.

Une autre manifestation imprudente fut celle de ce journaliste catholique de Chicago qui écrivait le 25 juin : « De subtils observateurs au congrès, venus d'Europe, ont dit plus qu'à voix basse, que la civilisation américaine, comme ils la voyaient, était décidément plus irlandaise qu'anglaise. » Affirmation fausse et peu avisée.

Je n'ai rien dit des diverses conférences tenues durant le Congrès pour étudier des questions en rapport avec l'eucharistie. N'ayant assisté à aucune, je ne suis pas assez renseigné pour en parler.

TABLE  DES  MATIÈRES

IMP. LETOUZEY ET ANÉ, 87, BOULEVARD RASPAIL, PARIS-VI.
R. C. Seine. 491-41